"공부습관 확실히 잡아 주는 공습국어"

•••• 공부습관을 잡으면 **성적과 학습능력은** 저절로 올라간다!

자기 분야에서 눈에 띄는 성과를 이루어 낸 많은 사람들은 한 목소리로 좋은 습관이 성공의 열쇠였다고 말합니다. 공부도 마찬가지입니다. 자신의 페이스를 꾸준히 유지하며 공부하는 습관을 들인다면 학습능력과 성적은 저절로 따라 올라갑니다.

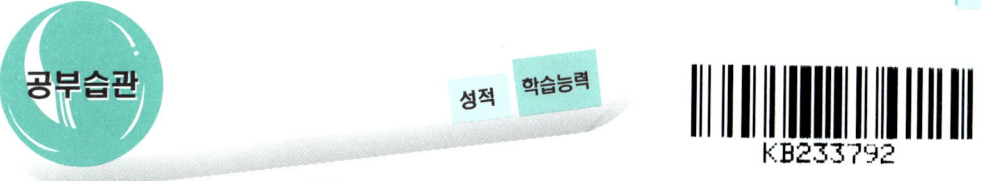

•••• **올바른 공부습관**이 없다면 학습능력은 사상누각!

본격적인 학교 공부를 시작하는 시기인 초등학교. 바로 이때 공부습관을 제대로 잡아 주는 것이 무엇보다 중요합니다. 이때 형성된 공부습관이 이후 중 · 고등학교에서의 학업 성취도를 좌우하기 때문입니다.

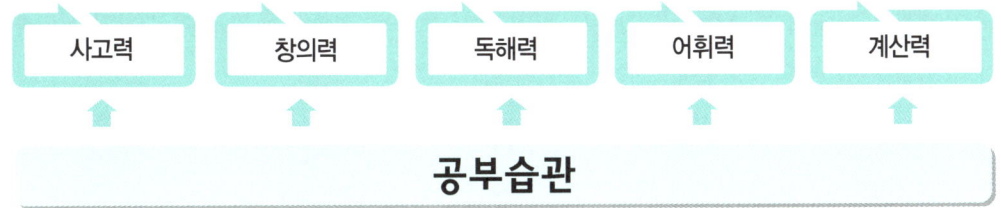

| 사고력 | 창의력 | 독해력 | 어휘력 | 계산력 |

공부습관

•••• '**워밍업 → 해결전략연습 → 의욕충전**'의 3단계 학습법

본격적인 운동을 하기 전에 준비운동으로 몸을 풀면, 안전하고 더욱 효과적인 운동을 할 수 있습니다. 공부를 시작하기 전에도, 먼저 두뇌를 공부할 수 있는 상태로 풀어 주어야 더욱 효율적인 공부를 할 수 있습니다. 공습국어에서는 준비운동을 통해 두뇌를 공부 모드로 바꿔 준 다음, 해결전략을 연습하는 문제를 풉니다. 그리고 공부 의욕을 높이는 짧막한 글로 마무리하여 학교 · 학원 공부를 더욱 충실히 수행할 수 있도록 합니다.

▶ **워밍업** ◀

▶ **다양한 퍼즐** ◀
공부를 시작하기 위한 준비운동

▶ **전략 훈련 문제** ◀
해결전략에 따라 순서대로
문제를 푸는 습관 키우기

해결 전략 연습

의욕 충전

▶ **마무리 글** ◀
긍정적인 공부 태도 충전

" 공습으로 잡는 3대 공부습관 "

• • • • 첫째, 스스로 공부하는 습관

잔소리를 해서 공부를 시키는 부모와 잔소리 때문에 억지로 공부하는 아이, 모두 스트레스를 받습니다. 그러나 억지로 하는 공부는 오히려 아이에게 공부에 대한 반감만 일으킬 뿐입니다. 일단 아이의 공부 부담부터 줄여 주세요. 남들 한다고 따라서 이것저것 아이에게 시키지 마세요. 이 시기에는 하루하루 꾸준히 스스로 공부하는 습관을 잡아 주는 것만으로도 충분합니다.

공습은 하루 10분, 부담 없이 재미있게 공부할 수 있습니다. 아이와 하루 10분 **공습** 공부를 약속하고 지켜 보세요. 시키지 않아도 스스로 공부하는 아이를 만날 수 있을 것입니다.

• • • • 둘째, 차례차례 문제를 해결하는 습관

긴 글만 보면 괜히 주눅이 들어서 자기가 가지고 있는 실력을 100퍼센트 발휘하지 못하는 아이들이 많습니다. 이것은 무엇보다 문제의 핵심이 무엇인지 파악하는 훈련이 되어 있지 않기 때문입니다. 학년이 올라갈수록 문제를 분석하여 해결 방법을 찾는 능력이 많이 요구됩니다. 초등학교 때부터 차례차례 문제를 해결하는 방법을 훈련하여, 이를 습관으로 만들어야 합니다.

공습은 절차적 문제해결전략을 반복해서 훈련함으로써, 핵심을 잡아내는 공부습관을 만듭니다.

• • • • 셋째, 꾸준히 공부하는 습관

하루 세 끼 규칙적으로, 알맞은 양을 먹는 것이 건강을 지키는 방법입니다. 공부도 마찬가지입니다. 매일매일 아이가 할 수 있는 양만큼만 꾸준히 공부한다면, 아이는 공부와 시험에 대한 부담을 덜어 내고, 자신의 실력을 차곡차곡 쌓을 수 있습니다. 꾸준히 공부하기 위해서, 우선 아이 스스로가 공부는 할 만한 것이라는 자신감과 재미를 가져야 합니다.

공습은 문제해결전략만 이해하면 누구나 풀 수 있습니다. 따라서 아이는 문제를 풀면서 자신감을 갖게 되고, 이러한 자신감은 공부에 대한 재미로 이어져 꾸준히 공부할 수 있는 습관을 만듭니다.

"공습의 훈련 프로그램 - 공습국어 초등독해"

• • • • 글을 빠르고 정확하게 읽는 습관을 잡는다.

책을 많이 읽는 아이가 반드시 국어 성적이 좋은 것은 아닙니다. 한쪽으로 치우친 소재와 갈래의 글만 읽거나, 책을 덮고 나면 읽은 내용이 무엇인지 모르는 아이에게 또 어떤 잔소리를 하시겠습니까? 책 읽은 양만큼 국어 능력을 올리려면, 책을 읽고 난 다음에 글 전체의 짜임, 글의 내용, 글의 주제 등을 읽어 내려는 노력이 있어야 합니다. 공습국어 초등독해는 다양한 소재와 형식의 글을 제시하여 아이의 편독을 줄이고, 또 글을 빠르고 정확하게 읽는 방법을 반복적으로 훈련합니다. 그래서 아이가 언제, 어디서, 어떤 글을 읽더라도 글의 핵심을 제대로 집어낼 수 있도록 만듭니다. 공습국어 초등독해는 아이에게 책을 사 주는 것 말고는 달리 방법을 모르는 부모 대신 제대로 글 읽는 법을 가르칩니다.

• • • • 감 못 잡고 권수만 채우던 읽기에서 핵심을 쏙쏙 뽑아내는 체계적인 읽기로

어릴 때부터 꾸준하고 올바르게 다듬어진 독해 능력은 모든 학습의 밑바탕이 됩니다. 글의 종류와 짜임, 그리고 상황에 맞게 핵심을 찾아 읽어 내는 것을 '정독'이라고 합니다. 그러나 책을 많이 읽는다고 해서 누구나 정독을 하고 있는 것은 아닙니다. 많은 양의 독서가 저절로 정독 습관을 가져다주는 것도 아닙니다. 다양한 글을 본격적으로 읽기 시작하는 초등학교 단계에서부터 글을 제대로 읽을 수 있는 틀을 다져 주어야 합니다. 공습국어 초등독해는 다양한 글을 읽고 글의 핵심을 체계적으로 파악하는 전략을 훈련시키며, 나아가 이를 습관화시키는 과학적 프로그램입니다.

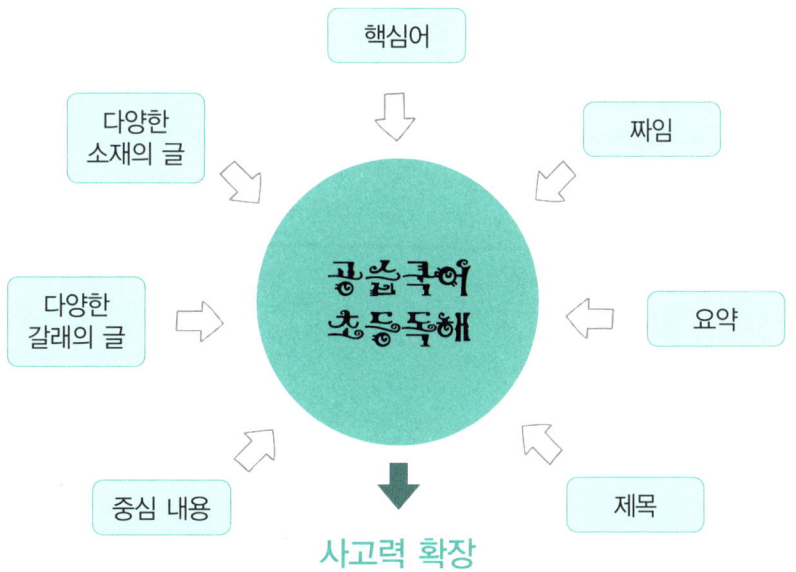

"『공습국어 초등독해』 활용 방법 보기"

하나 처음 일주일 정도는 아이와 함께 하세요.

공습국어 초등독해의 독해 전략을 아이가 이해할 수 있도록 일주일 정도는 아이와 함께 문제를 풀어 보세요. 각각의 전략 단계를 어떻게 풀면 되는지 설명해 주고, 채점을 통해 다시 한번 짚어 줍니다.

둘 매일 1회분씩 꾸준히 하도록 유도하되 강요하지 마세요.

아이에게 공부하라고 말하기 전에, 먼저 공부할 수 있는 환경과 조건을 만들어 주세요. 그리고 아이가 스스로 공부할 때까지 지켜봐 주세요. 또한 하루에 1회분 이상 진도를 나가지 않도록 지도해 주세요. 하루에 2회분 이상의 문제를 푸는 것은 꾸준한 공부 습관 형성에 방해가 될 수 있습니다.

셋 아이의 수준에 맞게 단계별로 선택하세요.

독해 능력은 시간에 여유를 두고 차근차근 키워 가는 것입니다. 선행 학습을 시킬 마음에 무리해서 높은 단계를 풀게 하면, 아이가 글을 읽는 재미를 잃어버릴 수 있습니다. 또한 도전 시간을 통과하고 점수를 잘 받도록 하기 위해, 아이의 실력에 비해 너무 낮은 단계를 풀게 하면 독해 능력이 향상되지 않습니다.

공습국어 초등독해는 단기적으로 국어 '성적'을 높이기 위한 교재가 아닙니다. 공습국어 초등독해의 목적은 국어 '능력'을 높이는 것으로, 이것은 장기간의 훈련과 노력을 필요로 합니다. 아이의 독해 실력에 맞는 단계를 선택할 때 최고의 효과를 얻을 수 있습니다.

단계	구성	글의 소재	글의 갈래
1 · 2학년	30회		
3 · 4학년	30회	사회, 역사, 시사, 인물, 언어, 문화, 과학, 예술, 종교, 정치, 경제, 건강, 상식 등	설명하는 글, 주장하는 글, 인터뷰 형식의 글, 기사글, 대화글 등
5 · 6학년	30회		

넷 걸린 시간과 정답 개수를 꼭 적도록 하세요.

공습국어 초등독해는 문제마다 걸린 시간과 정답 개수를 적도록 하고 있습니다. 아이들이 문제를 푼 다음, 걸린 시간을 적을 수 있도록 미리 시계를 준비해 주세요. 제시문의 길이와 난이도, 문제의 개수에 따라 도전 시간에 차이를 두었습니다.

욕심이 앞서서 글 읽기와 문제 풀이의 속도만 높이려 한다면 올바른 독해 습관을 익히는 데 해가 됩니다. 얼마나 빨리, 많이 푸느냐가 중요한 것이 아닙니다. 정독 능력과 사고력을 동시에 키우려면 문제 하나하나를 이해하고 파악해야 합니다. 도전 시간을 주고 걸린 시간과 정답 개수를 적게 하는 것은 집중력을 높이고 실력 향상의 재미를 느끼게 하기 위한 장치임을 꼭 기억하세요.

다섯 우리 아이, 이럴 땐 이렇게 하세요.

• 도전 시간 안에, 틀린 답 없이 문제를 풉니다.

뛰어난 독해 능력을 지녔습니다. 꾸준하게 훈련하면 글의 핵심을 파악하는 능력과 동시에 언어사고력 또한 발달할 것입니다.

• (도전 시간을 기준으로) 걸린 시간은 매우 짧은데, 정답률이 낮습니다.

문제풀이전략을 이해하지 못한 상태에서 건성으로 문제를 푼 것입니다. 문제의 틀을 이해시키고, 한 문제 한 문제 같이 풀어 보는 과정이 필요합니다.

• (도전 시간을 기준으로) 걸린 시간은 길지만, 정답률은 높습니다.

전략에 따른 문제 해결이 아직 익숙하지 않거나, 집중력이 오래 가지 못하는 것입니다. 그럼에도 문제를 꼼꼼하게 풀어낸 아이의 끈기를 칭찬해 주시고, 하루하루 지켜봐 주세요. 그리고 주변 환경을 정리하고 부모가 직접 시간을 재서 아이의 집중력이 흐트러지지 않게끔 도와줍니다.

• (도전 시간을 기준으로) 걸린 시간은 긴데, 정답률이 낮습니다.

문제풀이전략을 이해하지 못한 상태이며, 집중력 또한 떨어지는 것입니다. 옆에서 좀 더 지켜보며 문제 풀이를 설명해 주세요. 그리고 같이 소리 내어 제시문을 읽어 보거나 색깔 연필로 표시하며 문제를 푸는 등의 활동을 통해 문제 풀이에 대한 집중력과 재미를 길러 줍니다.

"『공습국어 초등독해』 구성 한눈에 보기"

공습국어 초등독해는 공부를 시작하기 위한 준비운동인 「머리 풀어주는 퍼즐」과 본격적인 문제해결전략을 연습하는 「빠르고 정확하게 읽기」(❶핵심어 찾기, ❷글의 짜임 그리기, ❸요약하기, ❹제목 달기), 그리고 공부 의욕을 높여 주는 「생각 다지는 글」로 구성되어 있습니다.

01회 머리 풀어주는 퍼즐

공부를 시작할 때도 준비운동이 필요하다고 여우쌤 미소승

도전 시간 00 분 20 초   걸린 시간 분 초

창의사고력 기초 다지기 주의집중력 쑥~

모양이 같은 도형들을 이어 보면 한 글자가 나타납니다. 어떤 글자일까요?

준비운동 – 머리 풀어 주는 퍼즐
다양한 퍼즐을 통해 두뇌를 공부 모드로
전환하고 아울러 창의사고력을 키웁니다.

빠르고 정확하게 읽기

도전시간 5 분 40 초
걸린시간 분 초

● 오늘의 읽기 자료입니다. 잘 읽고 문제를 풀어 보세요.

　　죽마고우(竹馬故友)란 어릴 때 대나무로 만든 말을 함께 타고 놀던 벗으로, 어릴 때부터 친하게 지내온 친구를 일컫는 말이랍니다. 그러나 죽마고우 때문에 목숨을 잃은 사람의 슬픈 이야기도 전해집니다.
　　옛날 중국 진나라에 환온과 은호라는 죽마고우가 있었습니다. 환온은 유명한 장수가 되었고 은호는 고향에서 공부를 하며 지냈지요. 촉나라를 물리치고 돌아온 환온은 많은 사람을 거느리게 되었고, 간문제는 이를 견제하기 위해 학식과 재능이 뛰어난 은호에게 벼슬을 내렸습니다. 은호를 시기한 환온은 전쟁에서 패한 책임을 물어 은호를 귀양 보내고 맙니다. 사람들이 은호를 그만 용서해 주라고 하자, 환온은 친구에게 안부 편지를 보냅니다. 은호는 너무 긴장한 나머지 답장으로 빈 봉투만 보내고 말았답니다. 환온은 "대나무를 타고 놀던 친구지만 절대로 용서할 수 없다."라며 더욱 화를 냈습니다. 결국 은호는 귀양지에서 죽고 말았답니다.
　　환온과 은호처럼, 아무리 죽마고우라 하더라도 서로 이해하고 아끼는 마음이 없다면 진정한 친구가 될 수 없답니다.

❶ 핵심어 찾기

다음 낱말 중에 위 글에 나온 낱말의 빈칸에 동그라미 하세요. 동그라미 한 낱말들이 위 글의 주제와 관련된 핵심어입니다.

문제 개수 5 개
맞은 개수 　개
틀린 개수 　개

죽마고우	거문고	친구	용서	오성과 한음

제시문
다양한 소재를 다양한 갈래의 글로 표현
하였습니다.

❶ 핵심어 찾기
핵심어를 찾으며 자연스럽게 글을 다시
한 번 읽고, 중요 내용을 눈에 담아 두도
록 하는 문제입니다.

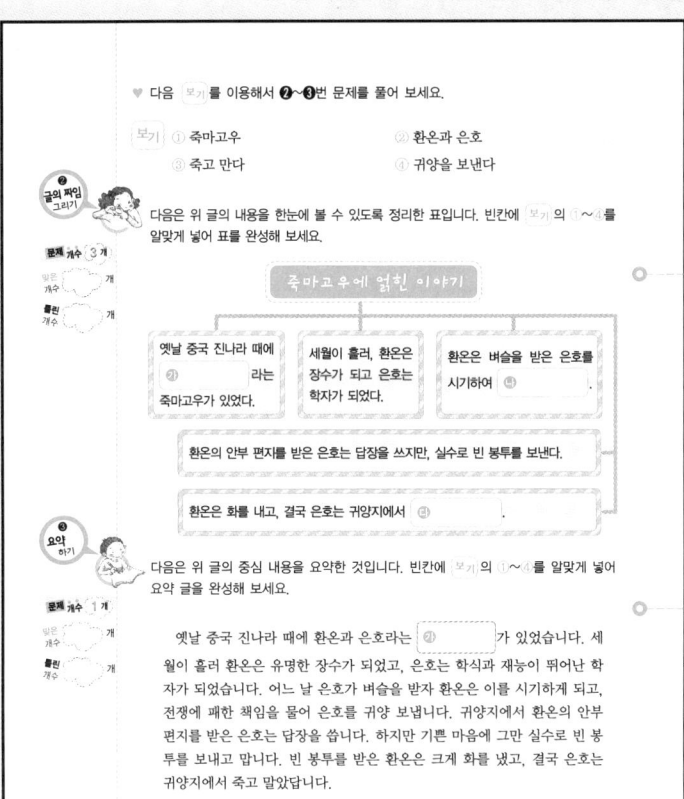

♥ 다음 보기 를 이용해서 ❷~❸번 문제를 풀어 보세요.

보기 ① 죽마고우　　②환온과 은호
　　③죽고 만다　　④ 귀양을 보낸다

❷ 글의 짜임 그리기

다음은 위 글의 내용을 한눈에 볼 수 있도록 정리한 표입니다. 빈칸에 보기 의 ①~④를 알맞게 넣어 표를 완성해 보세요.

문제 개수 3 개
맞은 개수 ＿ 개
틀린 개수 ＿ 개

죽마고우에 얽힌 이야기

| 옛날 중국 진나라 때에 ㉮ 라는 죽마고우가 있었다. | 세월이 흘러, 환온은 장수가 되고 은호는 학자가 되었다. | 환온은 벼슬을 받은 은호를 시기하여 |

| 환온의 안부 편지를 받은 은호는 답장을 쓰지만, 실수로 빈 봉투를 보낸다. |

| 환온은 화를 내고, 결국 은호는 귀양지에서 ㉯ |

❸ 요약하기

다음은 위 글의 중심 내용을 요약한 것입니다. 빈칸에 보기 의 ①~④를 알맞게 넣어 요약 글을 완성해 보세요.

문제 개수 1 개
맞은 개수 ＿ 개
틀린 개수 ＿ 개

　옛날 중국 진나라 때에 환온과 은호라는 ㉮ 가 있었습니다. 세월이 흘러 환온은 유명한 장수가 되었고, 은호는 학식과 재능이 뛰어난 학자가 되었습니다. 어느 날 은호가 벼슬을 받자 환온은 이를 시기하게 되고, 전쟁에 패한 책임을 물어 은호를 귀양 보냅니다. 귀양지에서 환온의 안부 편지를 받은 은호는 답장을 씁니다. 하지만 기쁜 마음에 그만 실수로 빈 봉투를 보내고 맙니다. 빈 봉투를 받은 환온은 크게 화를 냈고, 결국 은호는 귀양지에서 죽고 말았답니다.

---

❷ 글의 짜임 그리기

복잡한 글도 간단한 도식(표나 그림)으로 정리하여, 글의 내용과 짜임을 한눈에 파악할 수 있도록 하는 문제입니다.

❸ 요약하기

❷의 결과를 문장으로 정리하는 문제입니다. 요약 글을 쓰는 방법을 알게 되고, 조각말들을 자연스럽게 연결하여 문장을 완성하는 훈련을 할 수 있습니다.

❹ 제목 달기

글에 가장 알맞은 제목을 찾는 문제입니다. 글과 제목 후보와의 관계에 대해 '왜 답일까?', 또는 '왜 답이 아닐까?'를 고민하며 사고력을 키울 수 있습니다. 또한 어떤 글이나 상황을 보고 그것을 한 번에 나타낼 수 있는 표현, 즉 핵심을 찾는 감을 키울 수 있습니다.

마무리 – 생각 다지는 글

공부에 도움이 되는 이야기, 좋은 생활 습관을 다지는 이야기 등 부모가 아이에게 해 주고 싶은 이야기를 다양하게 싣고 있습니다.

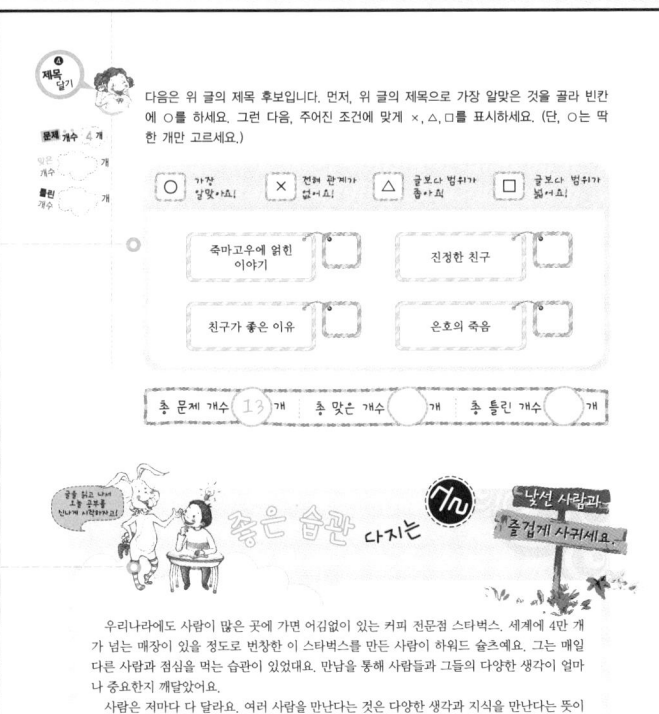

❹ 제목 달기

다음은 위 글의 제목 후보입니다. 먼저, 위 글의 제목으로 가장 알맞은 것을 골라 빈칸에 ○를 하세요. 그런 다음, 주어진 조건에 맞게 ×, △, □를 표시하세요. (단, ○는 딱 한 개만 고르세요.)

문제 개수 4 개
맞은 개수 ＿ 개
틀린 개수 ＿ 개

| ○ 가장 알맞음 | × 전혀 관계가 없음 | △ 글보다 범위가 좁음 | □ 글보다 범위가 넓음 |

| 죽마고우에 얽힌 이야기 ＿ | 진정한 친구 ＿ |
| 친구가 좋은 이유 ＿ | 은호의 죽음 ＿ |

총 문제 개수 13 개　　총 맞은 개수 ◯ 개　　총 틀린 개수 ◯ 개

좋은 습관 다지는

낯선 사람과 즐겁게 사귀세요.

　우리나라에도 사람이 많은 곳에 가면 어김없이 있는 커피 전문점 스타벅스. 세계에 4만 개가 넘는 매장이 있을 정도로 번창한 이 스타벅스를 만든 사람이 하워드 슐츠예요. 그는 매일 다른 사람과 점심을 먹는 습관이 있었대요. 만남을 통해 사람들과 그들의 다양한 생각이 얼마나 중요한지 깨달았어요.
　사람은 저마다 다 달라요. 여러 사람을 만난다는 것은 다양한 생각과 지식을 만난다는 뜻이고요. 낯선 사람을 만나는 것을 두려워하거나 부끄러워하는 친구들이 있어요. 그럴 필요 없어요. 새로운 사람을 만나는 것은 즐겁고 유익한 기회예요. 이런 만남이 자신을 성장시킬 거예요. 새로운 인연을 즐기는 습관이 친구들을 자라게 한다는 걸 기억하세요.

● 오늘의 읽기 자료입니다. 잘 읽고 아래 문제들을 풀어 보세요.

앞으로 50년 후엔 남태평양의 섬나라 투발루를 볼 수 없을지도 모릅니다. 지구 온난화로 해수면이 상승하여 매년 0.5~0.6mm씩 바닷물에 잠기기 때문입니다. 또한 그 때문에 지하수가 소금기를 띠자 코코넛 나무와 농작물이 죽어가고, 사람들이 먹을 식수조차 구할 수 없게 되었습니다.

해수면 상승만큼 열대 폭풍도 투발루 주민들을 두려움에 떨게 합니다. 과거에는 열대 폭풍이 일 년에 한두 번 발생했습니다. 하지만, 지금은 매달 발생하고 그 세기도 점점 강해지고 있습니다. 매년 2월이면 투발루는 연중 해수면이 가장 높은 '킹 타이드'로 큰 물난리를 겪는데, 주민들은 '킹 타이드'와 열대 폭풍이 한꺼번에 닥칠까 봐 공포에 떨고 있다고 합니다.

투발루 정부에서는 다른 나라로 집단 이민할 계획을 하지만, 이를 받아들이는 나라가 없는 상태입니다. 따라서 국제적인 노력이 없다면 투발루 주민들은 환경 난민이 될 처지입니다. 지구 온난화의 주범인 산업 시설과는 거리가 먼 남태평양의 작은 섬이 지구 온난화의 희생양이 되었습니다.

1-2. 핵심어 찾기 : 다음 낱말들이 위 글에서 몇 번씩 나왔는지 세어 보세요. 많이 나온 낱말이 위 글에서 가장 중요한 핵심어입니다.

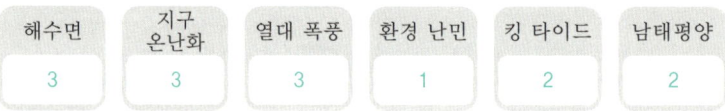

해수면	지구 온난화	열대 폭풍	환경 난민	킹 타이드	남태평양
3	3	3	1	2	2

1-1. 핵심어 찾기 : 다음 낱말들 중에 위 글에 나온 낱말의 빈칸에 동그라미 하세요. 동그라미 한 낱말들이 위 글의 주제와 관련된 핵심어입니다.

해수면 상승	아프리카	지구 온난화	오존층	폭설	투발루	환경 난민
○	×	○	×	×	○	○

표 안의 낱말들이 지문에 나왔는지 확인합니다. 종류가 비슷하거나 글을 제대로 읽지 않으면 헷갈릴 만한 보기들이 있기 때문에 제시문을 잘 확인해야 합니다. 제시문의 해당 낱말에 표시를 하면서 답을 달도록 합니다.

표 안의 낱말들이 지문에 몇 번 등장했는지 세어 봅니다. 제시문의 해당 낱말에 표시를 하면서 숫자를 세도록 합니다.

♥ 다음 보기를 이용해서 2~3번 문제를 풀어 보세요.

보기
① 해수면 상승　　　② 환경 난민　　　③ 지구 온난화
④ 지하수의 소금기　　⑤ 국제적인 노력　　⑥ 열대 폭풍

2. 글의 짜임 그리기 : 다음은 위 글의 내용을 한눈에 볼 수 있도록 정리한 표입니다. 빈칸에 보기의 ①~⑥을 알맞게 넣어 표를 완성해 보세요.

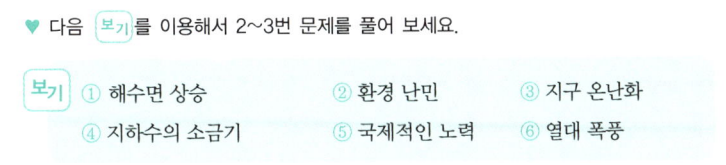

지구 온난화의 희생양, 투발루

| ㉮ ① | ㉯ ④ | ㉰ ⑥ |
| 매년 조금씩 바닷물에 잠기고 있다. | 식수 공급이 어렵다. 농사를 지을 수 없다. | 한 달에 한 번씩 발생한다. |

국제적인 노력이 없다면, 투발루 주민들은 ㉱ ② 이 될 것이다.

화살표 방향과 상자 안의 글이 무엇을 의미하는지를 잘 읽어보고 문제를 풀어야 합니다.

화살표 아래 글을 보고 지구 온난화로 인해 발생하는 현상을 〈보기〉에서 찾아야 합니다. 그러면 ㉮는 해수면 상승(①), ㉯는 지하수의 소금기(④), ㉰는 열대 폭풍(⑥)이 됩니다.

3. 요약하기 : 다음은 위 글의 중심 내용을 요약한 것입니다. 빈칸에 보기의 ①~⑥을 알맞게 넣어 요약 글을 완성해 보세요.

남태평양의 섬나라 투발루가 ㉮ ③ 의 희생양이 되었습니다. 극지방의 얼음이 녹으면서 해수면이 상승하자 섬나라 투발루가 조금씩 바닷물에 잠기고 있습니다. 지하수는 소금기를 띠어 식수를 구하기 어렵고 농사를 지을 수가 없습니다. 게다가 한 달에 한 번씩 발생하는 열대 폭풍으로 투발루 주민들은 두려움에 떨고 있습니다. ㉯ ⑤ 이 없다면, 머지않아 투발루 주민들은 환경 난민이 될 처지입니다.

글의 내용과 가장 잘 어울리는 낱말이나 문장을 〈보기〉에서 찾습니다. 〈보기〉에서 가장 적절한 것은 환경 난민(②)입니다.

2번의 짜임을 문장으로 연결한 것으로, 제시문의 주요 내용을 뽑아 간추리는 작업입니다.

4. **제목달기** : 다음은 위 글의 제목 후보입니다. 먼저, 위 글의 제목으로 가장 알맞은 것을 골라 빈칸에 ○를 하세요. 그런 다음, 주어진 조건에 맞게 ×, △, □를 표시하세요. (단, ○는 딱 한 개만 고르세요.)

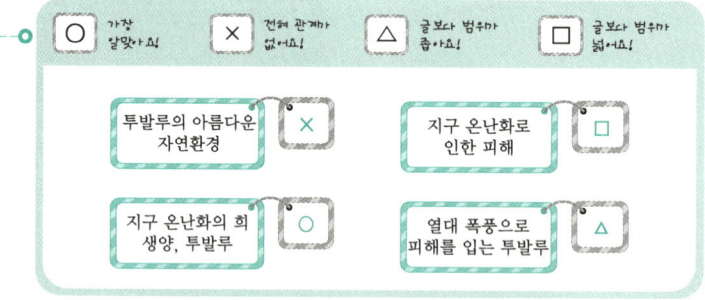

먼저 글의 내용을 가장 적절하게 대표하는 제목 후보를 골라 ○표를 합니다. 그런 다음 ×, △, □ 표시를 합니다. ○를 제외한 나머지 부호들은 들어가지 않거나 몇 번 반복해서 들어가는 경우가 있으니 지도에 유의해 주세요. 글에 나온 내용과 전혀 관계가 없는 후보일 경우에는 ×표를 합니다. 글에 나온 내용이긴 하지만 글의 일부 내용만을 담고 있어서 글 전체를 포함하지 못하는 후보일 경우에는 △표를 합니다. 글에서 제시한 소재나 내용보다 범위가 넓은 후보일 경우에는 □표를 합니다.

❶ **투발루의 아름다운 자연환경** : 제시문은 지구 온난화로 인해 바닷물에 잠겨 가는 투발루에 관한 글입니다. 따라서 이 글의 내용과는 상관이 없습니다.

❷ **지구 온난화로 인한 피해** : 투발루의 예는 지구 온난화로 인한 피해 중에 하나이므로, 이 글의 제목으로는 범위가 너무 넓습니다.

❸ **지구 온난화의 희생양, 투발루** : 제시문은 지구 온난화로 큰 피해를 입어 머잖아 사라지게 될 투발루에 대한 내용입니다. 그러므로 이 글의 제목으로 알맞습니다.

❹ **열대 폭풍으로 피해를 입는 투발루** : 제시문에는 지구 온난화로 인해 투발루가 겪고 있는 피해의 예로 열대 폭풍 외에도 다른 사례들이 나옵니다. 따라서 이 글의 제목으로는 범위가 좁습니다.

차례

Contents

창의사고력 기초 다지기   주의집중력 쓱~

홀수와 짝수를 번갈아 가며 줄로 이어 미로를 탈출해 보세요.

출발   **탈출**

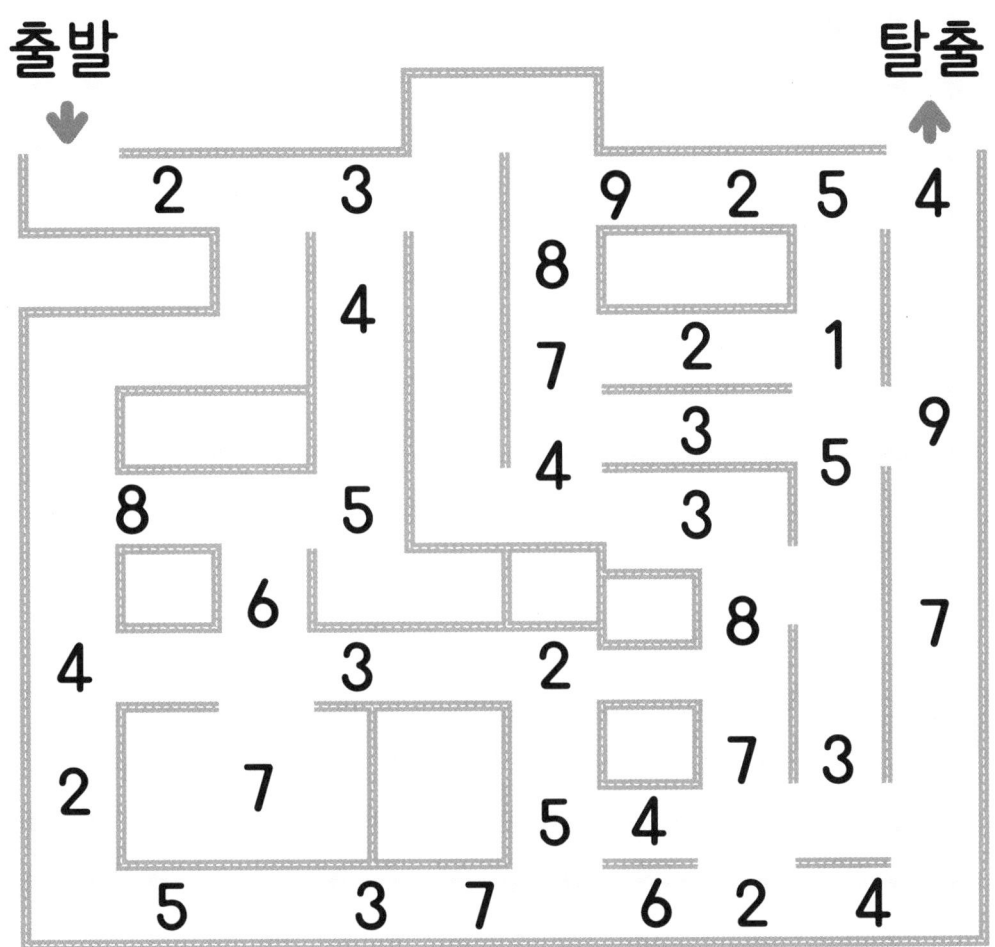

도전시간

6 분	00 초

걸린시간

분	초

● 오늘의 읽기 자료입니다. 잘 읽고 문제를 풀어 보세요.

안녕? 나는 너희들이 좋아하는 친구야. 하지만, 엄마들은 너랑 내가 너무 오랫동안 놀면 아주 싫어해. 심지어 '바보상자랑 놀면 너도 바보가 된다.' 면서 혼내는 엄마도 있어. 이쯤이면, 내가 누군지 인제 알겠지? 그래, 맞아. 난 텔레비전이야.

사실 난 좋은 점도 많은데, 왜 날더러 바보상자라고 그러는지 정말 모르겠어. 먼저, 난 많은 정보를 전달해 준단다. 세계 곳곳에서 일어나는 일을 바로바로 생생하게 전달해 주지. 그리고 공부도 가르쳐 줘. 교육 방송에서 한글이랑 외국어도 가르쳐 주고, 과학 실험도 보여주잖아. 게다가 난 휴식 시간을 재미있게 해 주고, 스트레스도 없애 주는데 너무하잖아.

물론, 나쁜 점도 있어. 내가 비만의 원인이 되기도 하거든. 꼼짝하지 않고 나만 보고 있으면 뚱뚱해지니까. 그리고 나 때문에 너희들이 폭력적으로 변하기도 해. 때리고 싸우는 폭력적인 내용의 프로그램이 너무 많거든. 그 밖에도 나랑 친하면 너희들 성적도 떨어지고, 눈도 나빠지고, 식구들이랑 대화가 적어지기도 하지. 어휴, 그러고 보니 나쁜 점도 많네.

하지만 너희들이 조금만 도와주면, 나도 칭찬받을 수 있단다. 어떻게 하면 되냐고? 첫째, 숙제가 끝나고 보기. 둘째, 보고 싶은 프로그램을 미리 정하기. 셋째, 프로그램이 하나 끝나면 꼭 끄기. 넷째, 밥 먹으면서 절대 보지 않기. 다섯째, 친구들과 놀 때에도 절대 보지 않기. 여섯째, 주말에는 온 가족이 TV 보는 것 말고 다른 것 하며 보내기.

어때, 어렵지 않지? 너희들, 내가 '천재 상자' 가 될 수 있게 꼭 지켜 줘야 해! 약속하기다!

① 핵심어 찾기

다음 어휘 중에 위 글에 나온 어휘가 있으면 빈칸에 동그라미 하세요. 동그라미 한 어휘들이 위 글의 주제와 가장 관련이 깊은 핵심어입니다.

문제 개수 **6** 개

맞은 개수 ◯ 개

틀린 개수 ◯ 개

정보	텔레비전	컴퓨터 게임	바보상자	인터넷	비만

♥ 다음 보기 를 이용해서 ❷～❸번 문제를 풀어 보세요.

보기
① 비만과 시력 저하의 원인
② 프로그램이 끝나면 반드시 끈다.
③ 다양한 활동
④ 숙제를 끝낸 뒤 본다.
⑤ 성적 저하와 폭력성의 원인
⑥ 정보 전달과 학습의 기능

❷ 글의 짜임 그리기

다음은 위 글의 내용을 한눈에 볼 수 있도록 정리한 표입니다. 가～라에 보기의 ①～⑥을 알맞게 넣어 표를 완성해 보세요.

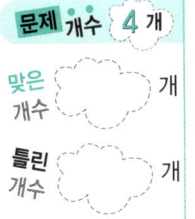

텔레비전		
좋은 점	– 가	
	– 오락의 기능	
나쁜 점	– 나	
	– 아이들의 성적 저하와 폭력성의 원인	
	– 가족 간 대화 부족의 원인	
바람직한 시청법	– 다	
	– 보고 싶은 프로그램을 미리 정한 뒤, 라	
	– 밥을 먹거나 친구들과 놀 때에는 텔레비전을 보지 않는다.	
	– 주말에는 가족들과 텔레비전 시청 외에 다른 활동을 한다.	

❸ 요약 하기

다음은 위 글의 중심 내용을 요약한 것입니다. 가, 나에 보기의 ①～⑥을 알맞게 넣어 요약 글을 완성해 보세요.

'바보상자'로 취급되는 텔레비전은 좋은 점과 나쁜 점을 함께 갖고 있다. 좋은 점으로는 정보 전달과 학습의 기능이다. 오락의 기능도 함께 갖고 있다. 그러나 비만과 시력 저하의 원인일 뿐만 아니라, 아이들의 가 도 된다. 또한 가족 간의 대화가 사라지게 만든다.

따라서 바람직한 시청 방법을 지켜야 한다. 먼저, 숙제를 다 마친 뒤 본다. 보고 싶은 프로그램을 미리 정해서 보고 끝나면 반드시 끈다. 밥을 먹거나 친구들과 놀 때에는 절대 켜지 않는다. 주말에는 가족들과 나 을 한다. 이 시청 방법만 지킨다면, 텔레비전을 '천재 상자'로 만들 수 있을 것이다.

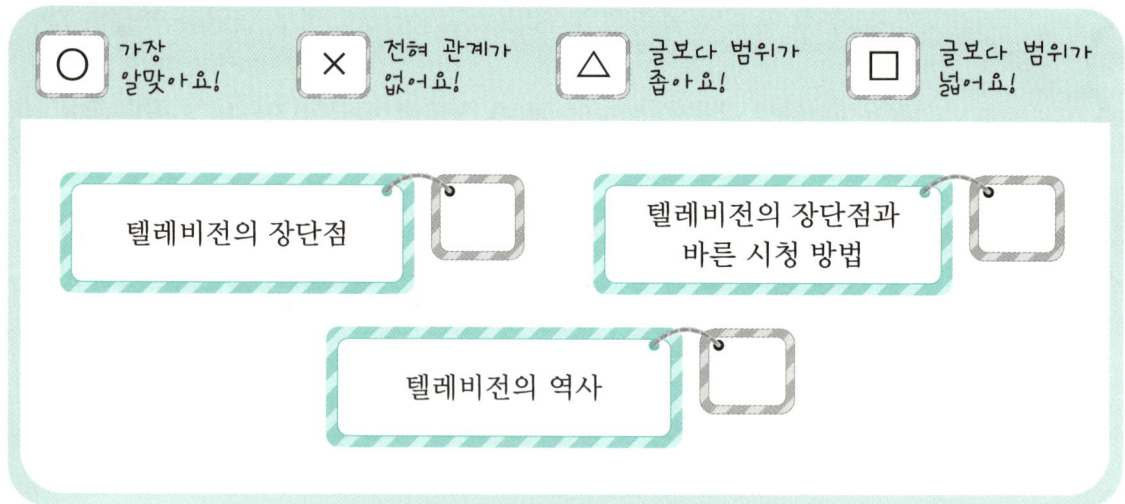

④ 제목 달기

다음은 위 글의 제목 후보입니다. 먼저, 위 글의 제목으로 가장 알맞은 것을 골라 빈칸에 ○를 하세요. 그런 다음, 주어진 조건에 맞게 ×, △, □를 표시하세요. (단, ○는 딱 한 개만 고르세요.)

문제 개수 3 개

맞은 개수 ◯ 개

틀린 개수 ◯ 개

○ 가장 알맞아요! × 전혀 관계가 없어요! △ 글보다 범위가 좁아요! □ 글보다 범위가 넓어요!

| 텔레비전의 장단점 | ◯ | 텔레비전의 장단점과 바른 시청 방법 | ◯ |

텔레비전의 역사 ◯

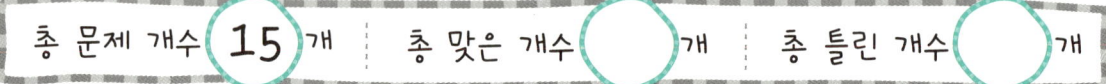

총 문제 개수 **15** 개 | 총 맞은 개수 ◯ 개 | 총 틀린 개수 ◯ 개

글을 읽고 나서 오늘 공부를 신나게 시작하자고!

마음에 힘이 되는 **글** 단추는 하찮지 않아요

단추는 언제 생겨났을까요?

기원전 6천 년경 고대 이집트 때부터 단추가 있었답니다. 맨 처음 단추의 모습은 옷자락을 여미기 위해, 뼈나 금속 핀으로 끼우는 형태였답니다. 13세기, 유럽의 귀족과 부자들은 금은보석으로 단추를 만들어 몸치장을 했어요. 지위와 부를 과시하고 싶었거든요. 산업 혁명 이후, 기계로 단추를 만들기 시작하자 옷을 여미는 실용적인 역할만 맡게 되었답니다.

오늘날 사람들은 단추를 귀하게 생각하지 않아요. 단추를 쉽게 구할 수 있기 때문이에요. 그러나 아무리 하찮은 존재이지만, 단추 하나가 똑 떨어져서 없다고 생각해 보세요. 외투를 제대로 여밀 수 없어서 찬바람을 다 맞아야 할 수도 있고, 블라우스를 제대로 여미지 못해 속살이 보일 수도 있어요. 세상에 하찮은 것은 하나도 없답니다. 단추처럼 말이에요.

16

창의사고력 기초 다지기) 연상추리력 쑥~

상자가 모두 몇 개씩 쌓여 있을까요?

(   )개

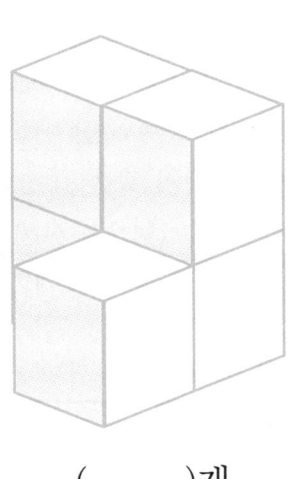

(   )개

도전시간

| 6 분 | 20 초 |

● 오늘의 읽기 자료입니다. 잘 읽고 문제를 풀어 보세요.

걸린시간

| 분 | 초 |

'TV 안 보기 운동'을 하는 김지혜(12세) 양 가족. 저녁 식사를 마치자, 지혜 양은 줄넘기를, 오빠는 배드민턴을 찾는다. 그리고 집 근처 공원으로 나가서, 하루 동안 있었던 일을 이야기하며 온 가족이 운동을 한다. 식사 후, 아무 말도 없이 TV만 바라보는 다른 가족과는 무척 다른 모습이다.

비가 오는 날에는 운동 대신 TV를 보느냐는 기자의 질문에, 지혜 양은 웃으며 "비 오는 날은 더 재미나요. 거실 책방에서 온 가족이 수다를 떨거든요. 전 우리 아빠가 귀신 시리즈를 그렇게 많이 아는 줄 몰랐어요."라고 대답했다.

지혜 양 가족이 'TV 안 보기' 운동을 시작한 것은 건강 때문이었다. 지난 봄, 가족 모두가 병원에서 비만 판정을 받은 것이다. 엄마는 "비만일 줄은 정말 몰랐어요. 통통하다고만 생각했거든요. 근데, 가만히 보니까 밥을 먹고 나면 모두들 꼼짝하지 않고 TV만 보는 거예요. 말도 없이 멍청한 표정으로 말이에요."라고 말했다.

비만의 원인을 TV에서 찾은 가족들은 가장 먼저 거실을 도서실로 바꾸었다. TV를 안방으로 옮기고 정해진 시간 이외에는 TV를 켜지 않았다. 그리고 날마다 저녁 온 가족이 함께 운동을 하거나 거실에서 책을 읽고 이야기를 나누었다. 주말에는 등산을 했다.

'TV 안 보기 운동' 1년 뒤, 지혜 양 가족은 겉모습부터 바뀌었다. 가족 모두가 비만에서 벗어난 것이다. 또한 가족이 함께하는 시간이 늘어나면서, 서로를 이해하고 사랑하는 마음이 커졌다고 한다. 지혜 양 가족은 "TV를 끄고 운동을 해 보세요. 건강은 물론 행복도 얻을 수 있어요."라며 거실 책방에서 환하게 웃었다.

① 핵심어 찾기

다음 문장의 빈칸에 알맞은 낱말을 적어 보세요. 빈칸의 낱말이 위 글에서 가장 중요한 핵심어입니다.

문제 개수 **1** 개

맞은 개수 ◯ 개

틀린 개수 ◯ 개

| | 은 지혜네 가족 건강은 물론 행복도 가져다 주었다.

18

♥ 다음 를 이용해서 ❷~❸번 문제를 풀어 보세요.

보기
① TV 안 보기 운동　　　　　② 거실 도서실 만들기
③ 대화 시간 갖기　　　　　　④ 건강과 행복
⑤ 사고력 저하의 원인　　　　⑥ 비만의 원인

❷
글의 짜임
그리기

다음은 위 글의 내용을 한눈에 볼 수 있도록 정리한 표입니다. 가~라에 보기의 ①~⑥을 알맞게 넣어 표를 완성해 보세요.

문제 개수 4 개

맞은
개수 　개

틀린
개수 　개

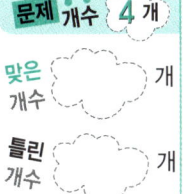

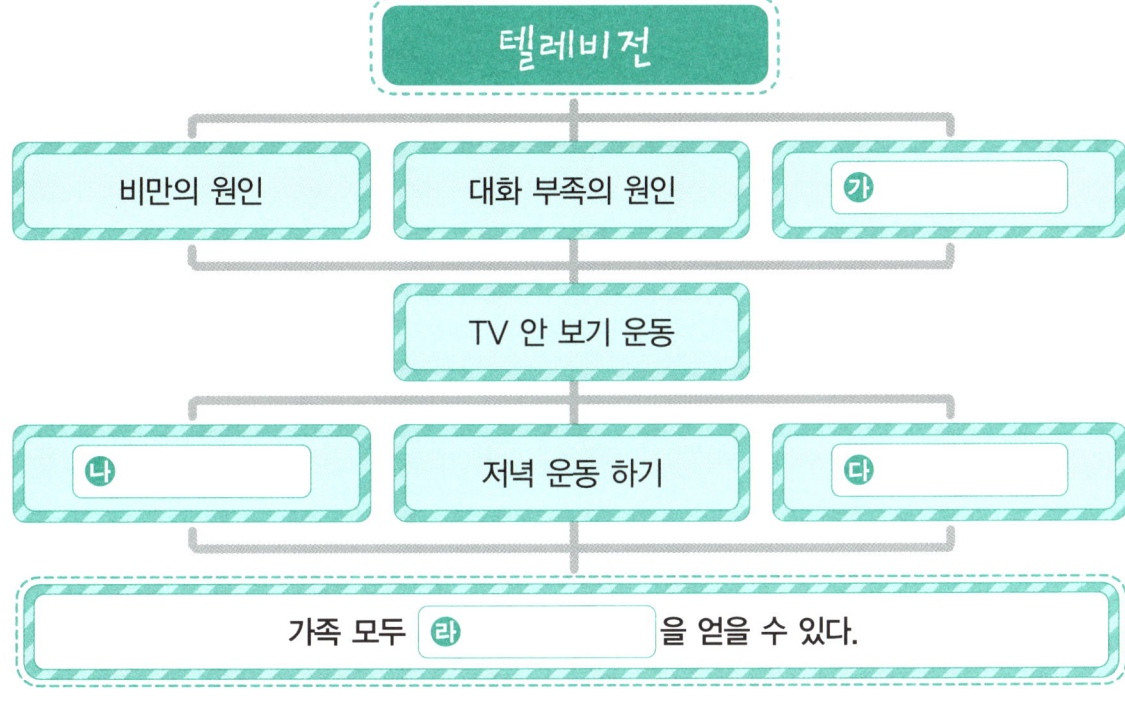

❸
요약
하기

다음은 위 글의 중심 내용을 요약한 것입니다. 가, 나에 보기의 ①~⑥을 알맞게 넣어 요약 글을 완성해 보세요.

문제 개수 2 개

맞은
개수 　개

틀린
개수 　개

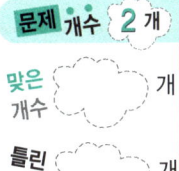

　　TV는 　가　 이며, 대화 부족과 사고력 저하의 원인이 된다. 이런 이유로 '　나　'을 실천하는 가정이 늘고 있다. 지혜네 가족도 그중 하나이다. 거실을 도서실로 만들고, 저녁 시간에는 TV 시청 대신 운동을 하고, 가족 간의 대화 시간을 가졌다. 지혜네 가족은 TV 안 보기 운동을 하면서, 가족 모두의 건강과 행복을 되찾을 수 있게 되었다.

④ 제목 달기

문제 개수 **3** 개

맞은 개수 ⬭ 개

틀린 개수 ⬭ 개

다음은 위 글에 가장 어울리는 제목을 찾는 과정입니다. 서로 관계 있는 것끼리 줄로 이으세요.

차세대 TV 개발 ★   ★ 이 글의 제목으로 딱 좋아!

TV의 나쁜 점 ★   ★ 범위가 너무 좁아!

TV 안 보기 운동 ★   ★ 이 글과 상관없는 제목이야!

총 문제 개수 **10** 개 | 총 맞은 개수 ◯ 개 | 총 틀린 개수 ◯ 개

글을 읽고 나서 오늘 공부를 신나게 시작하자고!

상식 쑥쑥 키우는 72

아파트는 언제 생겼을까?

아파트는 최근에 생긴 건물일까요? 정답은 '아니다' 입니다.

아파트가 맨 처음 등장한 때는 고대 로마 시대랍니다. 당시 로마는 세계 곳곳에 식민지를 거느린 나라였습니다. 그래서 많은 사람들이 로마로 몰려들었지요. 엄청난 사람들이 몰려들자, 이들을 위해 어떤 집을 지어야 할지를 연구했답니다. 그래서 등장한 것이 바로 아파트예요.

고대 로마 사람들은 아파트를 '인술라' 라고 불렀어요. 인술라는 보통 4~5층으로 지어진 건물인데, 일반 서민들이 살았답니다. 종종 너무 허술하게 공사를 해서 무너지기도 하고 불이 나기도 했답니다.

요즘과 같은 형태의 아파트는 산업 혁명 이후 등장했습니다. 영국에서 처음 지었는데, 공장에서 일하는 노동자들이 생활할 집이었답니다. 우리나라 최초의 아파트는 1930년 충정로에 지은 유림 아파트로, 4층짜리 건물이었답니다. 일본인이 지은 유림 아파트는 광복 후 호텔로 사용되기도 했답니다.

창의사고력 기초 다지기   판단능력 쑥~

양팔저울이 수평을 이루려면 오른쪽에 몇 g의 추를 올려야 할까요?

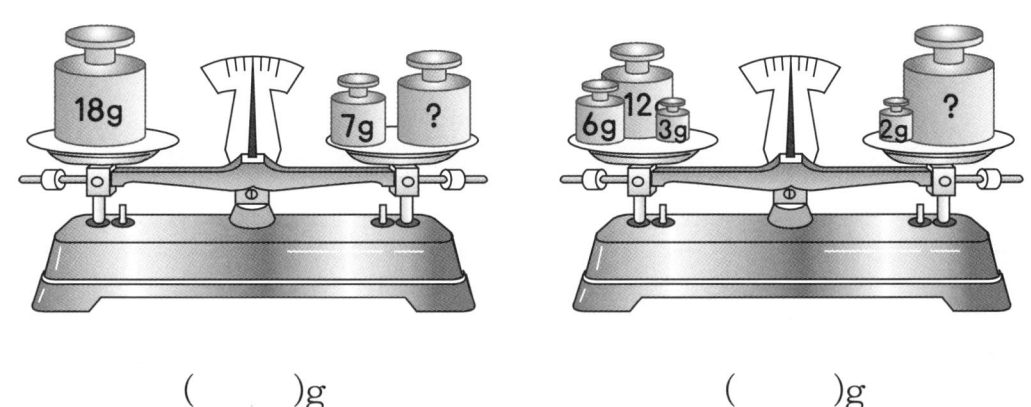

(　　)g　　　　　(　　)g

빠르고 **정확**하게 **읽기**

속독　정독

도전시간

| 6 분 | 30 초 |

걸린시간

| 분 | 초 |

● 오늘의 읽기 자료입니다. 잘 읽고 문제를 풀어 보세요.

Melicious!

사회자 : 오늘은 어린이가 좋아하는 텔레비전 음식 광고에 대해 이야기를 나누겠습니다. 노버거 씨는 패스트푸드 광고를 반대하시는데, 그 이유가 무언가요?

노버거 : 패스트푸드 광고는 아동 비만의 주원인이에요. 먹음직스럽게 생긴 햄버거를 보면 당연히 먹고 싶지 않겠어요? 먹고 나면 당연히 살찌는 거구요. 이미 스웨덴에서는 어린이 프로그램의 앞뒤에는 패스트푸드 광고를 절대 하지 않아요.

옙버거 : 아니! 살찌는 게 왜 광고 때문입니까? 운동 부족이 원인이지요. 먹고 나서 운동을 안 하는 게 원인이에요. 그리고 광고 규제는 유럽만 하지 미국은 신경도 안 써요.

노버거 : 광고 상품의 95%가 설탕, 소금, 지방 등이 너무 많이 들어 있는 나쁜 음식이라는 사실은 이미 알고 계시죠? 아무리 열심히 운동해도 살이 찔 수밖에 없어요.

사회자 : 아! 토론이 너무 뜨거운데요. 옙버거 씨는 광고를 해도 된다는 거군요.

옙버거 : 네! 당연합니다. 아이들도 광고를 보면서 정보를 얻고, 먹고 싶은 음식을 선택할 권리가 있습니다. 왜 아이들의 권리를 박탈합니까?

노버거 : 아이들은 광고에서 더 많은 물건을 팔려고 가끔 거짓말을 한다는 걸 몰라요. 광고에서는 햄버거와 컵라면이 실제보다 더 크고 먹음직스럽게 나온다는 걸 말이에요. 게다가 좋아하는 만화 캐릭터와 연예인이 맛있고 좋다고 하니, 정말인 줄 알잖아요.

사회자 : 두 분 생각이 너무 다른데요, 여러분은 생각은 어떤가요?

❶ 핵심어 찾기

다음 어휘들 중에 위 글에 나온 어휘가 있으면 빈칸에 동그라미 하세요. 동그라미 한 어휘들이 위 글의 주제와 가장 관련이 높은 핵심어입니다.

문제 개수 6 개

맞은 개수 ⬜ 개

틀린 개수 ⬜ 개

패스트푸드	텔레비전	라디오	선택할 권리	광고	슬로푸드 운동

♥ 다음 [보기]를 이용해서 ❷~❸번 문제를 풀어 보세요.

[보기]
① 광고를 금지하라
② 거짓인지 아닌지를 판단할 수 없다.
③ 패스트푸드의 TV 광고
④ 아동 비만의 주원인이다.
⑤ 물건을 선택할 권리가 있다.
⑥ 스웨덴 등 유럽 국가에서는

❷ 글의 짜임 그리기

다음은 위 글의 내용을 한눈에 볼 수 있도록 정리한 표입니다. ㉮~㉰에 [보기]의 ①~⑥을 알맞게 넣어 표를 완성해 보세요.

문제 개수 **4** 개

맞은 개수 〇 개

틀린 개수 〇 개

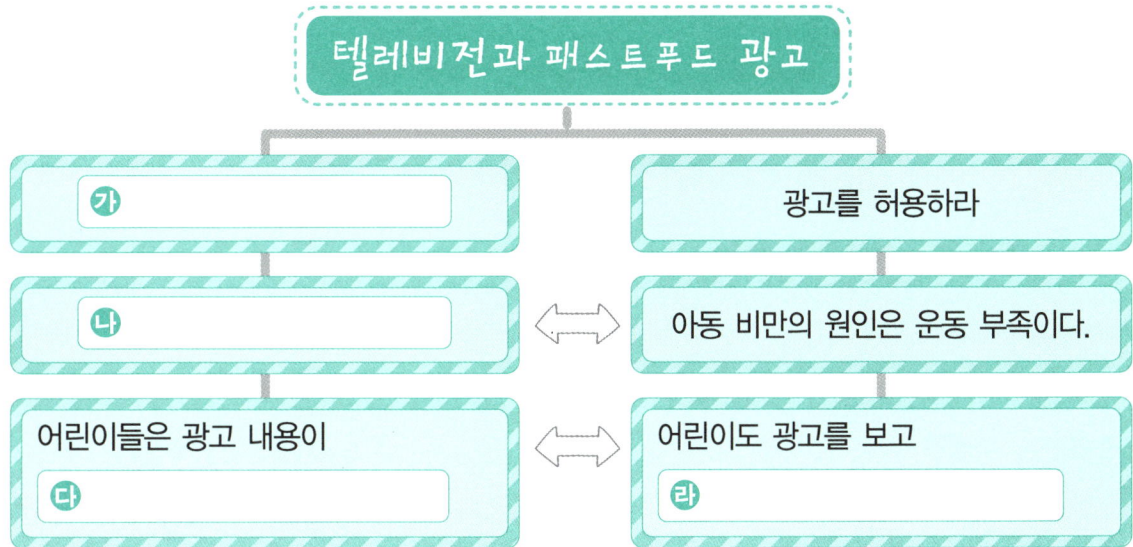

텔레비전과 패스트푸드 광고

㉮	광고를 허용하라
㉯ ⟺	아동 비만의 원인은 운동 부족이다.
어린이들은 광고 내용이 ㉰ ⟺	어린이도 광고를 보고 ㉱

❸ 요약 하기

다음은 위 글의 중심 내용을 요약한 것입니다. ㉮, ㉯에 [보기]의 ①~⑥을 알맞게 넣어 요약 글을 완성해 보세요.

문제 개수 **2** 개

맞은 개수 〇 개

틀린 개수 〇 개

　　패스트푸드의 TV 광고는 어린이에게 커다란 영향을 주고 있다. 따라서 패스트푸드 광고를 두고 의견이 맞서고 있다. 금지를 주장하는 이들은, ㉮ ____ 가 아동 비만의 주원인이며, 어린이가 광고 내용이 거짓인지 아닌지를 판단할 수 없다고 주장하고 있다. 반면, 일부에서는 아동 비만의 원인은 운동 부족이며, 어린이도 광고를 보고 물건을 선택할 권리가 있다고 광고의 허용을 주장하고 있다. 현재, ㉯ ____ 패스트푸드의 TV 광고를 금지하고 있다. 그렇다면 우리도 한번쯤 이 문제에 대해 생각해 보았으면 한다.

다음은 위 글에 가장 어울리는 제목을 지어 보는 과정입니다. 보기에 주어진 단어를 이용해서 제목을 달아 보세요.

보기   어린이   TV   패스트푸드의   광고와

총 문제 개수 ⑬ 개   총 맞은 개수 ◯ 개   총 틀린 개수 ◯ 개

좋은 습관 다지는

이쑤시개를 쓸 때 지켜야 할 예절

글을 읽고 나서 오늘 공부를 신나게 시작하자고!

맛있는 돼지갈비를 먹고 난 뒤, 어른들이 꼭 찾는 게 있어요. 바로 이쑤시개예요. 이쑤시개는 치아 사이에 낀 음식 찌꺼기를 제거하기 위해 쓰이지만, 사실은 치아건강에 좋지 않답니다. 이쑤시개를 쓸 때에도 지켜야 할 예절이 있답니다.

입을 손으로 가리고 써야 한답니다. 다른 사람에게 음식을 먹고 난 뒤의 지저분한 치아를 보여줄 필요는 없으니까요. 또한 이쑤시개를 다 쓰고 난 뒤에는 음식물 쓰레기와 함께 버리면 안 된답니다. 음식물 쓰레기는 돼지 등의 가축 사료로 다시 쓰이는데, 만약 이쑤시개를 삼키게 되면 내장 기관이 상처를 입을 수도 있기 때문이랍니다. 요즘에는 이런 문제점을 보완하기 위해 녹말로 만든 이쑤시개를 쓰기도 한답니다.

공부를 시작할 때도 준비운동이 필요하다고! 하나둘 하나둘

도전 시간 00 분 40 초 | 걸린 시간 분 초

창의사고력 기초 다지기) 정보처리능력 쑥~

다음 상자에 그려진 무늬를 보고 추측해 보세요. ♡의 반대편은 무슨 모양이 있을까요?

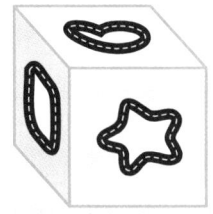
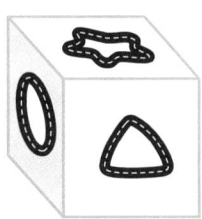
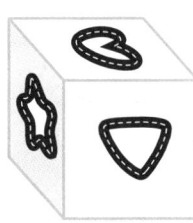

도전시간

| 7 분 | 00 초 |

오늘의 읽기 자료입니다. 잘 읽고 문제를 풀어 보세요.

걸린시간

| 분 | 초 |

봄봄 선생님, 안녕하세요?

저는 초등학교 6학년 동건이에요. 요즘 친구들이 놀려서 속상해요. 말할 때마다 목소리가 자꾸만 뒤집어지거든요. 엄마는 사춘기라서 그렇다고 하는데, 전 사춘기가 너무 싫어요. 사춘기를 그냥 건너뛸 수는 없나요?

사춘기가 두려운 동건이가

동건 군!

사춘기를 훌쩍 뛰어넘을 순 없어요. 왜냐하면 사춘기는 어른으로 성장하기 위해 준비하는 시기거든요. 사춘기를 잘 지내야 몸과 마음이 건강한 어른이 될 수 있어요.

사춘기는 몸의 변화가 아주 큰 시기예요. 남자는 13~15살쯤에 시작되는데, 동건 군처럼 목소리가 변하는 변성기가 와요. 어깨가 넓어지고 근육도 발달해요. 겨드랑이 등에 털이 나고요. 고환에서 정자가 만들어져서 몽정을 하기도 해요. 여자는 남자보다 사춘기가 조금 빨리 와요. 11~13살쯤에 시작하거든요. 여자도 겨드랑이 등에 털이 나요. 가슴이 나오고 월경을 시작한답니다.

몸뿐만 아니라 마음의 변화도 일어나요. 이건 남자와 여자가 비슷하지요. 외모에 관심을 쏟고, 성에 대한 호기심도 커져요. 이성 친구도 사귀고 싶고 단짝 친구도 있었으면 좋겠다고 생각하지요. 그리고 기분이 굉장히 들쑥날쑥해서 변덕이 죽 끓듯 한다는 핀잔을 들을 수도 있어요. 엄마가 하는 말은 다 잔소리로 들리고, 때로는 이유도 없이 혼자만 있고 싶어지기도 해요.

몸과 마음이 너무 많이 변한다고 놀라지 마세요. 누구나 겪는 자연스러운 현상이니까요. 친구들과 운동을 하거나 책을 읽으면서 사춘기를 지내 보세요. 어느새 멋진 청년이 되어 있을 거예요.

사춘기 상담소, 봄봄 선생님이

❶ 핵심어 찾기

다음은 위 글과 관련된 어휘들입니다. 가장 넓은 뜻을 지닌 어휘를 찾아 ✔해 보세요. 표시한 어휘가 위 글의 주제와 가장 관련이 깊은 핵심어입니다.

문제 개수 (1 개

맞은 개수 ◯ 개

틀린 개수 ◯ 개

☐ 신체적인 변화　　☐ 변덕스런 시기　　☐ 외모에 대한 관심　　☐ 사춘기

♥ 다음 보기 를 이용해서 ❷~❸번 문제를 풀어 보세요.

보기
① 마음의 변화
② 변성기와 함께 어깨와 근육이 발달
③ 자연스러운 현상
④ 가슴이 나오고 월경을 시작함
⑤ 13~15살에 시작한다.
⑥ 외모에 대한 관심과 성에 대한 호기심
⑦ 운동과 독서
⑧ 기분이 변덕스러워지고

다음은 위 글의 내용을 한눈에 볼 수 있도록 정리한 표입니다. ㉮~㉲에 보기 의 ①~⑧을 알맞게 넣어 표를 완성해 보세요.

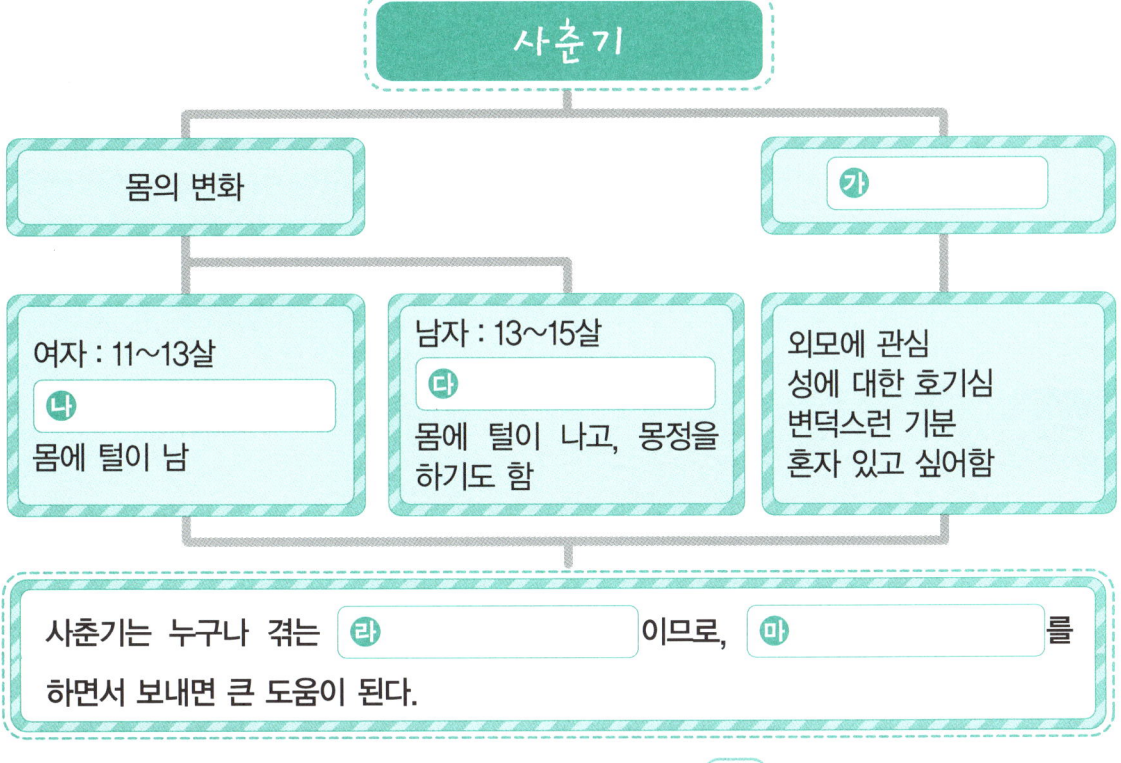

사춘기

몸의 변화 / ㉮

여자 : 11~13살
㉯
몸에 털이 남

남자 : 13~15살
㉰
몸에 털이 나고, 몽정을 하기도 함

외모에 관심
성에 대한 호기심
변덕스런 기분
혼자 있고 싶어함

사춘기는 누구나 겪는 ㉱   이므로, ㉲   를 하면서 보내면 큰 도움이 된다.

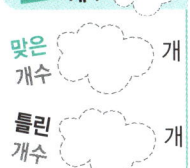

다음은 위 글의 중심 내용을 요약한 것입니다. ㉮~㉰에 보기 의 ①~⑧을 알맞게 넣어 요약 글을 완성해 보세요.

　사춘기는 몸과 마음의 변화가 큰 시기이다. 남자는 ㉮   변성기와 함께 어깨와 근육이 발달하며, 몸에 털이 나고 몽정을 하기도 한다. 여자는 11~13살쯤 시작한다. 가슴이 나오고 월경을 시작하며 몸에 털이 난다. 마음의 변화로는 ㉯   이 높아진다. 또한 ㉰   , 때로는 혼자 있고 싶기도 하다. 사춘기는 누구나 겪는 자연스런 현상이므로 운동과 독서를 하면서 보내면 큰 도움이 된다.

다음은 위 글의 제목 후보입니다. 먼저, 위 글의 제목으로 가장 알맞은 것을 골라 빈칸에 ○를 하세요. 그런 다음, 주어진 조건에 맞게 ×, △, □를 표시하세요. (단, ○는 딱 한 개만 고르세요.)

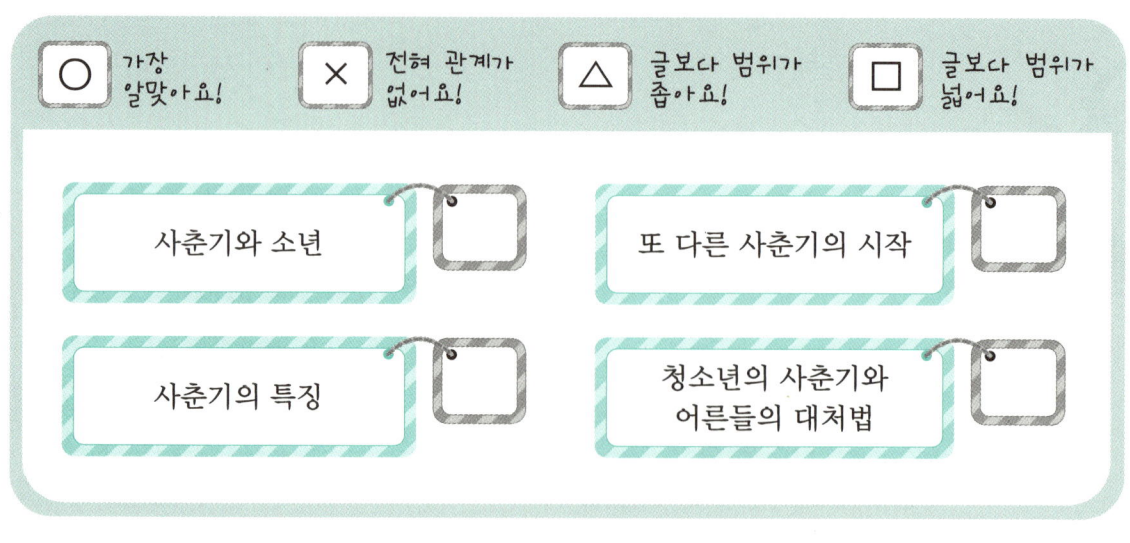

○ 가장 알맞아요!   × 전혀 관계가 없어요!   △ 글보다 범위가 좁아요!   □ 글보다 범위가 넓어요!

사춘기와 소년 [ ]

또 다른 사춘기의 시작 [ ]

사춘기의 특징 [ ]

청소년의 사춘기와 어른들의 대처법 [ ]

총 문제 개수 ⑬ 개 | 총 맞은 개수 ◯ 개 | 총 틀린 개수 ◯ 개

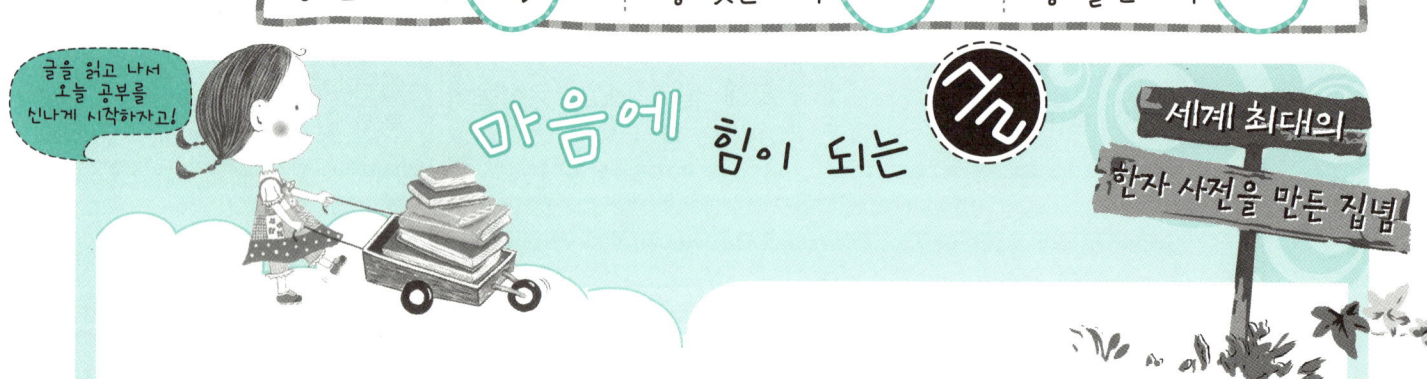

글을 읽고 나서 오늘 공부를 신나게 시작하자고!

마음에 힘이 되는

세계 최대의 한자 사전을 만든 집념

32년 동안이나 한자 사전을 만든 사람이 있습니다. 총 50,354자의 한자가 수록된 '대한화사전'을 만든 모로하시 데쓰지랍니다.

그는 17년 동안 한자 사전 작업에 몰두했어요. 제2차 세계 대전이 일어난 줄도 모를 정도로 말이에요. 그가 전쟁이 일어난 것을 안 때는, 서재가 불타고 난 뒤였어요. 어느 날, '쾅' 하는 소리가 들려 나가 보니, 폭탄에 서재가 불타고 있었거든요. 17년 동안의 연구 결과가 한 줌의 재가 되자 그는 절망했어요. 하지만 곧 주먹을 불끈 쥐고 다시 사전을 만들 집념을 불태웠어요. 그 뒤 계속된 연구로 한쪽 눈을 실명하기도 했지만, 그는 포기하지 않았어요. 무려 32년이라는 긴 세월 끝에, 그는 '대한화사전'을 만들어 냈답니다.

전쟁의 불길도, 한 쪽 눈의 실명도 그의 집념은 꺾지 못했습니다. 세계 최대의 한자 사전은 굳건한 그의 집념 덕분에 탄생한 거랍니다.

05 회

공부를 시작할 때도
준비운동이 필요하다고!
하나둘 하나둘

머리 풀어 주는 퍼즐

도전 시간	걸린 시간
00 분 40 초	분 초

창의사고력 기초 다지기 계산능력 쑥~

숫자 1, 5, 2만 사용해서 가로줄의 합, 세로줄의 합이 15가 되도록 만들어 보세요.

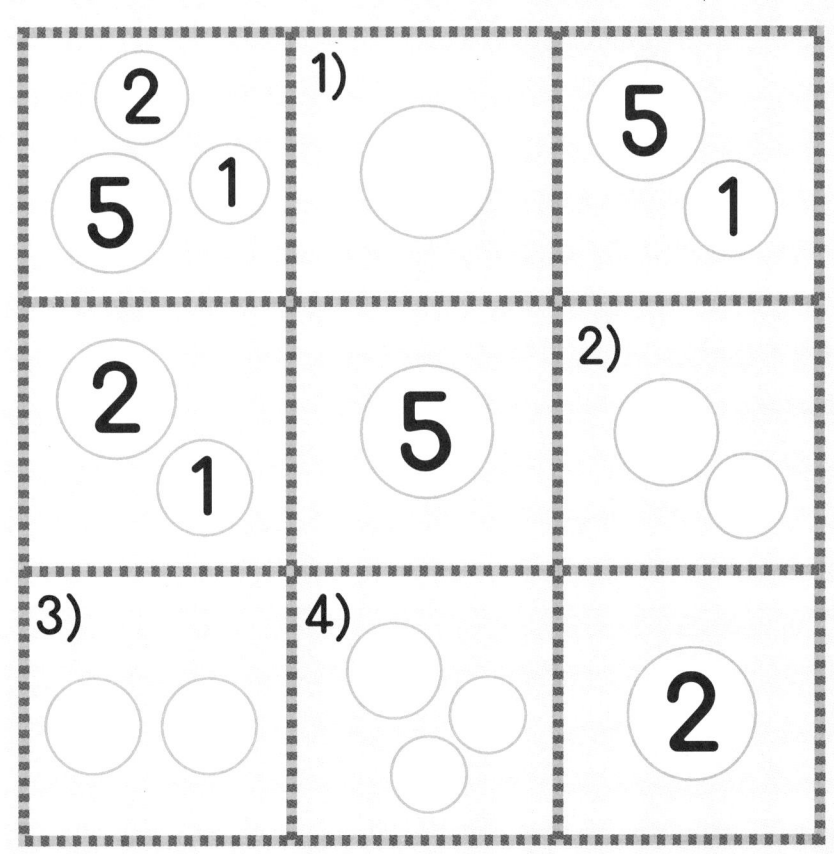

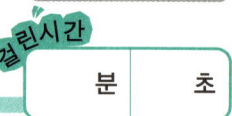

● 오늘의 읽기 자료입니다. 잘 읽고 문제를 풀어 보세요.

선생님 : 우리 반 친구들이 요즘 자꾸 짜증을 내고 다투는데, 이유가 뭘까?

김우혁 : 에헤헤. 사춘기잖아요. 선생님은 참!

선생님 : 아이구! 선생님도 그쯤은 알고 있거든! 그럼, 사춘기라고 모두 짜증만 내면 될까?

이지혜 : 안 돼요. 우리 모두 사춘기니까 서로 잘 지낼 수 있도록 도와주어야 해요.

선생님 : 맞아. 사춘기는 어른이 되기 위해 준비하는 시기란다. 그럼, 멋진 어른이 되기 위해
　　　　서는 어떻게 사춘기를 보내야 할까?

박재민 : 선생님! 아침마다 축구를 해요. 전 운동을 하고 나면 기분이 좋아지거든요. 아마 다
　　　　른 친구들도 땀을 흘리고 나면 기분이 좋아질 거예요.

이지혜 : 운동이 싫은 친구는 교실에서 책을 읽어요. 요즘 읽는 책이 참 재미있어요. 친구들
　　　　도 함께 읽고 대화를 나누면 좋을 것 같아요.

김우혁 : 악기 연주나 그림 그리기 또는 등산 같은 취미 활동도 좋아요. 전 바이올린을 연주
　　　　할 때면, 제 목소리가 이상해진 걸 몽땅 잊거든요.

박소영 : 부모님이랑 많은 대화를 나누는 것도 좋은 방법이에요.
　　　　기분이 나쁘거나 짜증이 나면 늘 엄마에게 말해요. 그러니까
　　　　엄마가 저를 잘 이해해 주세요. 엄마랑 더 친해졌고요.

선생님 : 아니! 이렇게 좋은 방법들을 다 알고 있었으면서, 왜 만
　　　　날 학교에서 짜증을 낸 거야? 에잇! 나도 사춘기 할래!

①
핵심어
찾기

다음 어휘 중에 위 글에 나온 어휘가 있으면 빈칸에 동그라미 하세요. 동그라미 한 어휘들
이 위 글의 주제와 가장 관련이 깊은 핵심어입니다.

문제 개수 5 개

맞은
개수 　 개

틀린
개수 　 개

신체적인 변화	대화	짜증	취미 활동	사춘기

♥ 다음 보기를 이용해서 ❷~❸번 문제를 풀어 보세요.

보기
① 운동하기
② 더 많이 이해받을 수 있다.
③ 기분이 좋아진다.
④ 취미 활동하기
⑤ 악기 연주, 그림 그리기, 등산
⑥ 친구들과 대화를 나누는 것
⑦ 서로 도와가며 실천
⑧ 짜증을 잊을 수 있다.

❷ 글의 짜임 그리기

다음은 위 글의 내용을 한눈에 볼 수 있도록 정리한 표입니다. ㉮~㉲에 보기의 ①~⑧을 알맞게 넣어 표를 완성해 보세요.

문제 개수 5 개

맞은 개수 ○ 개

틀린 개수 ○ 개

사춘기 잘 보내기

| ㉮ | 독서하기 | ㉯ | 대화하기 |

| 친구들과 운동을 하고 나면 ㉰ | 책을 읽고, 친구들과 대화를 나눈다. | ㉱ 등 다양한 활동을 한다. | 가족과 대화를 하면, ㉲ |

❸ 요약하기

다음은 위 글의 중심 내용을 요약한 것입니다. ㉮~㉰에 보기의 ①~⑧을 알맞게 넣어 요약 글을 완성해 보세요.

문제 개수 3 개

맞은 개수 ○ 개

틀린 개수 ○ 개

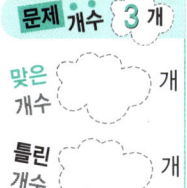

　　사춘기를 잘 보내는 방법에는 운동하기, 독서하기, 취미 활동하기, 대화하기가 있다. 우선, 친구들과 운동을 하고 나면 기분이 좋아진다. 책을 읽고 ㉮ [   ] 도 좋다. 그리고 악기 연주나 그림 그리기 또는 등산 등의 다양한 취미 활동을 하면 [㉯　　　　　　] 마지막으로, 가족과 많은 대화를 나눌수록 더 많이 이해받을 수 있다. 사춘기를 잘 지낼 수 있도록 ㉰ [　　　　　] 해야 한다.

다음은 위 글에 가장 어울리는 제목을 찾는 과정입니다. 서로 관계 있는 것끼리 줄로 이으세요.

사춘기 잘 보내는 법 ★   ★ 이 글의 제목으로 딱 좋아!

사춘기와 취미 생활 ★   ★ 범위가 너무 좁아!

사춘기의 신체적 변화 ★   ★ 이 글과 상관없는 제목이야!

총 문제 개수 ⑯ 개 │ 총 맞은 개수 ◯ 개 │ 총 틀린 개수 ◯ 개

글을 읽고 나서
오늘 공부를
신나게 시작하자고!

상식 쑥쑥 키우는 국어

신분이 높으면 머리가 풍성하다?

　텔레비전 드라마를 보면, 옛날 여자들은 신분이 높을수록 머리채가 높습니다. 아무리 머리숱이 많고 머리카락을 길게 길러도 그만큼 높은 머리채를 할 수 없을 텐데, 도대체 어떻게 된 일일까요?

　신분이 높은 여자들이 머리 모양을 만들어 얹은 것을 '다리'라고 부릅니다. 다리는 다른 사람의 머리카락으로 만드는데, 이를 머리에 얹으면 목이 아플 정도로 무겁답니다. 삼국 시대부터 있었던 다리는, 조선 시대에 들어서 점점 더 커졌답니다. 다리의 가격도 무척 비쌌는데, 이런 이유로 그 크기가 신분과 부를 상징하게 되었답니다.

　가난한 집의 여자들은 머리카락을 팔아 끼니를 잇기도 했고, 부자들은 더 커다란 다리를 사기 위해 집과 땅을 팔기도 했답니다. 나라에서는 다리로 생기는 문제를 해결하기 위해 다리의 사용을 금지하기도 했답니다.

머리 풀어 주는 퍼즐

창의사고력 기초 다지기 주의집중력 쑥~

다음 모양의 규칙을 파악해 보세요. **?** 에 올 동그라미는 몇 개일까요?

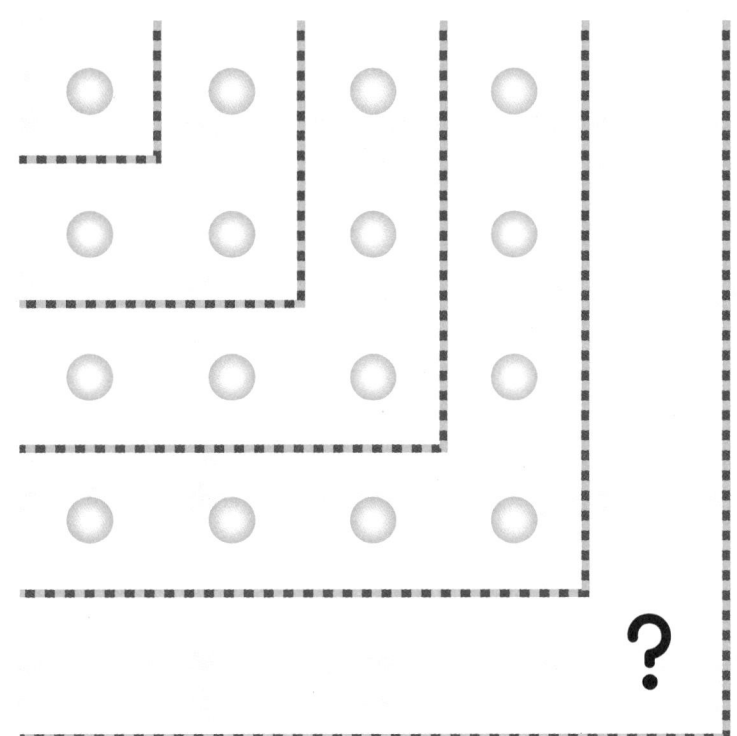

개

 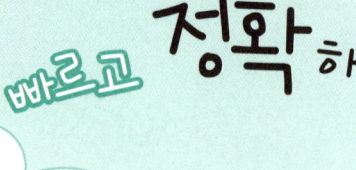
도전시간

| 6 분 | 40 초 |

걸린시간

| 분 | 초 |

● 오늘의 읽기 자료입니다. 잘 읽고 문제를 풀어 보세요.

이성 친구에게는 특별한 예절이 있다!

이렇게 하면, 좋은 이성 친구가 될 수 있다.

첫째, 예절 바른 언어를 사용한다. 욕을 하거나, 상대방의 마음을 상하게 하는 말은 피한다.

둘째, 상대방의 의견을 존중한다. 내 말만 하지 말고, 상대방의 말에도 귀를 기울여야 한다.

셋째, 옷차림을 단정하게 한다. 너무 어른스럽게 입으면 멋지기는커녕 우스꽝스러울 수 있다.

넷째, 부모님에게 이성 친구를 소개한다. 그러면 좋은 점이 많다. 이성 친구를 집에 초대할 수도 있고 때로는 부모님과 의논할 수도 있다.

이렇게 하면, 절대 이성 친구를 사귈 수 없다.

첫째, 늦은 시간 전화나 문자를 한다. 너무 길게 통화하는 것은 예의 없는 행동이다.

둘째, 누구랑 누구랑 사귄다며 소문내는 것은 유치한 행동이다. 이런 친구에게는 아무도 관심을 갖지 않는다.

셋째, 신체를 대상으로 놀린다. 사춘기는 몸의 변화가 큰 시기인데, 이를 대상으로 놀리는 것은 모든 친구를 적으로 만드는 어리석은 행동이다.

넷째, 싫어하는 별명 부르기. 상대방이 싫다는데도 계속 별명을 부르는 것은 언어폭력이다.

이해와 배려의 마음을 기본으로 예절을 지킨다면, 여러분 모두 좋은 이성 친구가 될 것이다.

❶ 핵심어 찾기

다음 어휘들 중에 위 글에 나온 어휘가 있으면 빈칸에 동그라미 하세요. 동그라미 한 어휘들이 위 글의 주제와 가장 관련이 높은 핵심어입니다.

문제 개수 6 개

맞은 개수 ◯ 개

틀린 개수 ◯ 개

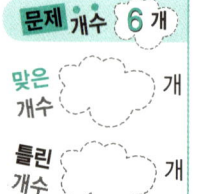

별명 부르기	예절	편지 쓰기	단짝친구	소문내기	이성 친구

♥ 다음 를 이용해서 ❷~❸번 문제를 풀어 보세요.

보기
① 부모님에게 이성 친구 소개하기
② 사귄다며 소문을 내거나
③ 예절 바른 언어 사용하기
④ 옷차림을 단정하게 하기
⑤ 싫어하는 별명을 부르기
⑥ 늦은 시간 전화하거나 문자 보내기

❷
글의 짜임
그리기

문제 개수 4 개

맞은
개수   개

틀린
개수   개

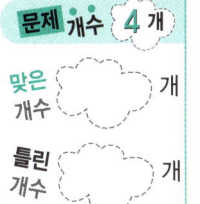

다음은 위 글의 내용을 한눈에 볼 수 있도록 정리한 표입니다. 가~라에 보기의 ①~⑥을 알맞게 넣어 표를 완성해 보세요.

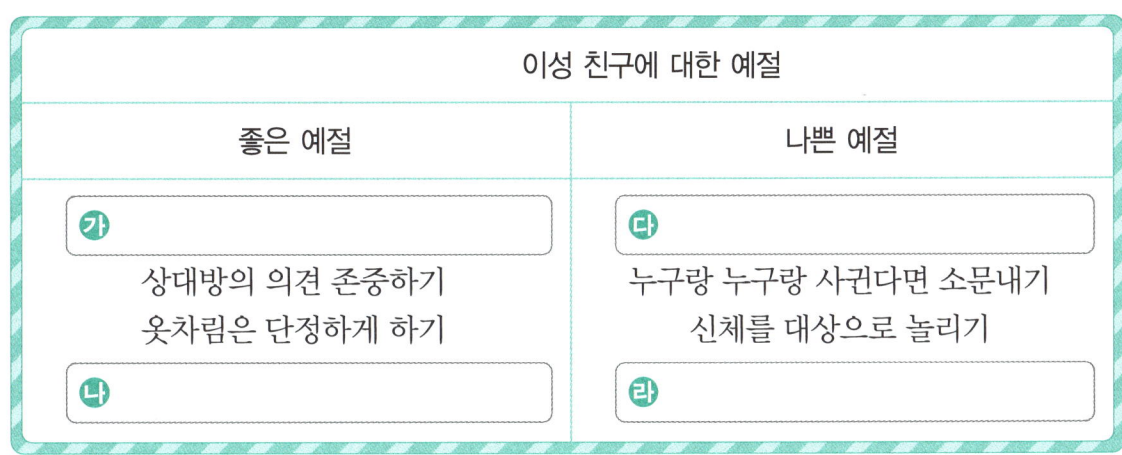

이성 친구에 대한 예절	
좋은 예절	나쁜 예절
가	다
상대방의 의견 존중하기 옷차림은 단정하게 하기	누구랑 누구랑 사귄다면 소문내기 신체를 대상으로 놀리기
나	라

❸
요약
하기

문제 개수 2 개

맞은
개수   개

틀린
개수   개

다음은 위 글의 중심 내용을 요약한 것입니다. 가, 나에 보기의 ①~⑥을 알맞게 넣어 요약 글을 완성해 보세요.

　이성 친구를 대하는 데에는 특별한 예절이 있다. 예절 바른 언어 사용하기, 상대방 의견 존중하기, 가 [   ], 부모님에게 이성 친구 소개하기 등이다. 그러나 늦은 시간에 전화나 문자 보내기, 누구랑 누구랑 나 [   ], 신체를 대상으로 놀리고, 싫어하는 별명을 계속 부르는 것은 이성 친구에 대한 예절 이라 할 수 없다.

다음은 위 글의 제목 후보입니다. 먼저, 위 글의 제목으로 가장 알맞은 것을 골라 빈칸에 ○를 하세요. 그런 다음, 주어진 조건에 맞게 ×, △, □를 표시하세요. (단, ○는 딱 한 개만 고르세요.)

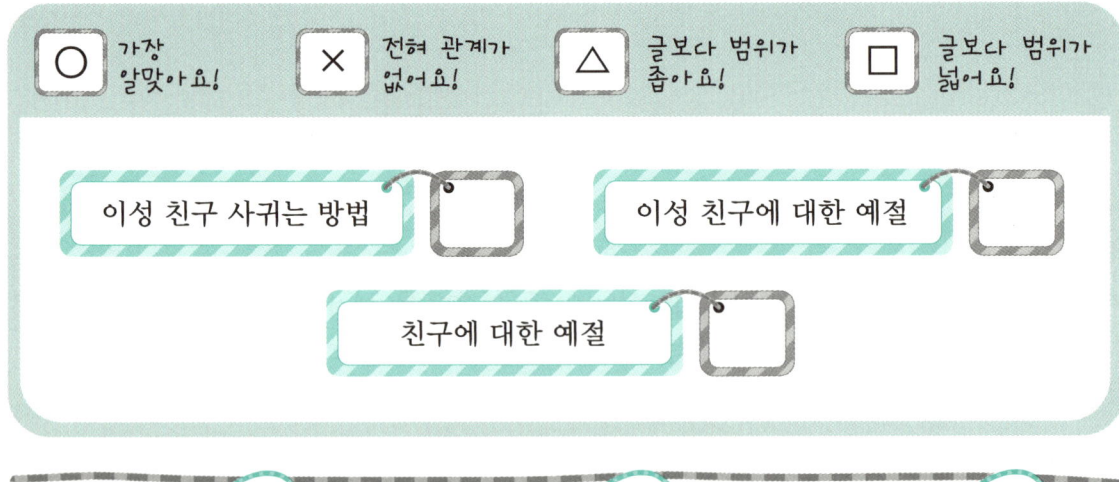

○ 가장 알맞아요!	× 전혀 관계가 없어요!
△ 글보다 범위가 좁아요!	□ 글보다 범위가 넓어요!

이성 친구 사귀는 방법 [ ]

이성 친구에 대한 예절 [ ]

친구에 대한 예절 [ ]

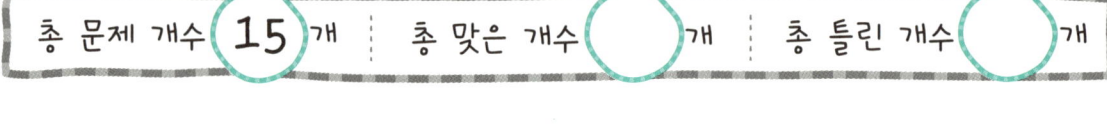

총 문제 개수 15 개 | 총 맞은 개수 ◯ 개 | 총 틀린 개수 ◯ 개

글을 읽고 나서
오늘 공부를
신나게 시작하자고!

좋은 습관 다지는 7강

냅킨을 사용하는 법

　요즘은 커다란 냅킨을 준비한 식당이 많습니다. 냅킨은 먹던 음식이 떨어져 옷이 더러워지는 것을 막고, 손가락에 묻은 음식 찌꺼기를 닦기 위한 것이랍니다. 가볍게 입을 닦거나 핑거볼에 손가락을 씻은 뒤 물기를 닦을 때에도 사용한답니다.

　냅킨은 주로 무릎에 펼쳐 놓는데, 음식이 나오기 전에 미리 펼치지 말아야 합니다. 식사를 시작하려고 할 때에 펼쳐 놓으면 된답니다. 식사 중에 잠깐 자리에서 일어나야 한다면, 냅킨을 다시 접지 말고 접시 귀퉁이에 냅킨을 살짝 끼워 놓으세요.

　가끔 서양식 냅킨과 우리나라의 물수건을 혼동하는 사람들이 있습니다. 그래서 냅킨에 립스틱을 닦거나 얼굴의 땀을 닦기도 하는데, 이는 아주 잘못된 에티켓으로 절대 해서는 안 되는 행동이랍니다.

공부를 시작할 때도
준비운동이 필요하다고!
하나둘 하나둘

머리 풀어 주는 퍼즐

창의사고력 기초 다지기) 연상추리력 쑥~

주사위를 펼친 모습입니다. 주사위는 마주보는 면의 합이 7입니다. 빈 칸에 들어갈 수를 써 보세요.

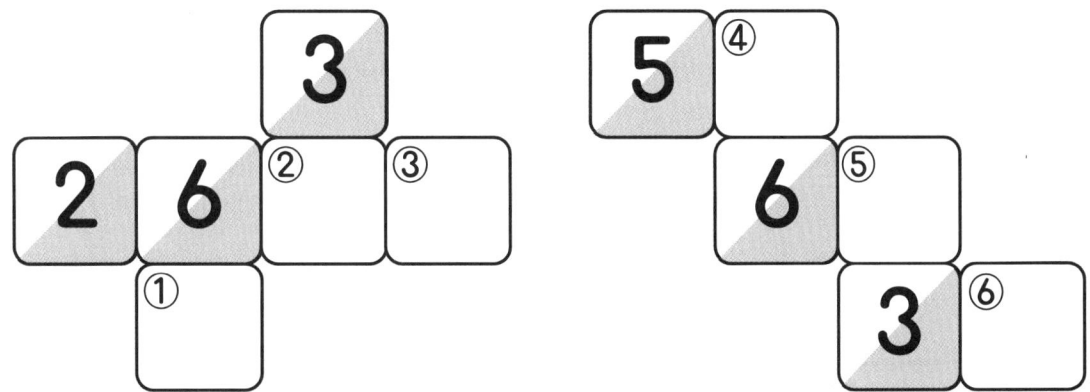

도전시간

| 6 | 분 | 30 | 초 |

걸린시간

| 분 | 초 |

● 오늘의 읽기 자료입니다. 잘 읽고 문제를 풀어 보세요.

신재생 에너지를 아시나요?

신재생 에너지란 지금까지 사용하고 있는 화석 연료를 대신할 새로운 에너지인 대체 에너지를 말합니다. 신재생 에너지는 신에너지와 재생 에너지로 나눌 수 있습니다. 신에너지는 기존의 화석 연료를 변화시켜 이용하는 것으로, 연료 전지와 수소 에너지 등이 있습니다. 재생 에너지는 계속 되풀이해서 사용할 수 있는 에너지로, 수력 발전, 태양열, 풍력 발전, 바이오 에너지 등이 있습니다.

신재생 에너지는 네 가지 특징이 있습니다.

첫째, 기술을 자원으로 하는 기술 에너지입니다. 특정한 자원보다는 기술을 바탕으로 에너지를 개발하는 것이지요.

둘째, 미래를 대비하는 미래 에너지입니다. 화석 연료가 바닥난 뒤에 사용할 미래의 에너지를 개발하고 있습니다.

셋째, 되풀이해서 사용할 수 있는 재생 에너지라는 점입니다. 화석 연료처럼 한 번 쓰고 나면 없어지는 것이 아니라, 계속 반복해서 에너지로 만들 수 있다는 것이지요.

넷째, 지구 환경을 위한 청정 에너지입니다. 지나친 화석 연료의 사용으로 지구는 지금 몸살을 앓고 있습니다. 신재생 에너지는 지구에 해를 주지 않는 깨끗한 에너지입니다.

신재생 에너지를 개발하기 위해서는 많은 비용이 필요합니다. 하지만, 세계 각국은 신재생 에너지의 연구에 힘을 쏟고 있습니다. 인류가 사용할 수 있는 화석 연료의 양이 얼마 남지 않았으며, 지나친 화석 연료의 사용으로 지구 환경이 급속히 파괴되었기 때문입니다. 신재생 에너지 개발은 후손들을 위해 이루어야 할 우리 모두의 과제입니다.

❶ 핵심어 찾기

다음 문장의 빈칸에 알맞은 낱말을 적어 보세요. 빈칸의 낱말이 위 글에서 가장 중요한 핵심어입니다.

문제 개수 ⎰1 개⎱

맞은 개수 ◌ 개

틀린 개수 ◌ 개

[   ]란 현재 우리가 사용하고 있는 화석 연료를 대신할 새로운 대체 에너지로, 신에너지와 재생 에너지로 나눌 수 있습니다.

♥ 다음 를 이용해서 ❷~❸번 문제를 풀어 보세요.

다음은 위 글의 내용을 한눈에 볼 수 있도록 정리한 표입니다. ㉮~㉭에 보기의 ①~⑧을 알맞게 넣어 표를 완성해 보세요.

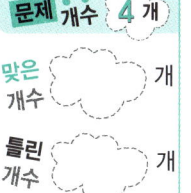

문제 개수 4 개

맞은 개수 ☁ 개

틀린 개수 ☁ 개

신재생 에너지		
뜻	현재 우리가 사용하고 있는 화석 연료를 대신할 새로운 대체 에너지	
종류	신에너지	㉮ [ ] 로 연료 전지와 수소 에너지 등이 있다.
	대체 에너지	계속 되풀이해서 사용할 수 있는 에너지로 ㉯ [ ] 등이 있다.
특징	1. ㉰ [ ] 기술 에너지이다. 2. 미래를 대비하는 미래 에너지이다. 3. 되풀이해서 사용할 수 있는 재생 에너지이다. 4. 지구 환경을 위한 ㉱ [ ] 이다.	

다음은 위 글의 중심 내용을 요약한 것입니다. ㉮~㉱에 보기의 ①~⑧을 알맞게 넣어 요약 글을 완성해 보세요.

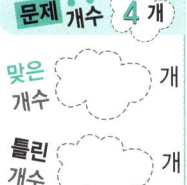

문제 개수 4 개

맞은 개수 ☁ 개

틀린 개수 ☁ 개

  신재생 에너지는 현재 우리가 사용하고 있는 ㉮ [   ] 로, 그 종류에는 ㉯ [   ] 가 있다. 신에너지는 연료 전지와 수소 에너지처럼 기존의 화석 연료를 변화시켜 이용한다. 대체 에너지는 ㉰ [   ] 로 수력 발전, 태양열, 풍력발전, 바이오 에너지 등이 있다. 신재생 에너지는 기술을 자원으로 하는 기술 에너지, ㉱ [   ] , 되풀이해서 사용하는 재생 에너지, 지구 환경을 위한 청정 에너지라는 특징이 있다.

④
제목
달기

다음은 위 글의 제목 후보입니다. 먼저, 위 글의 제목으로 가장 알맞은 것을 골라 빈칸에 ○를 하세요. 그런 다음, 주어진 조건에 맞게 ×, △, □를 표시하세요. (단, ○는 딱 한 개만 고르세요.)

문제 개수 4개

맞은
개수   개

틀린
개수   개

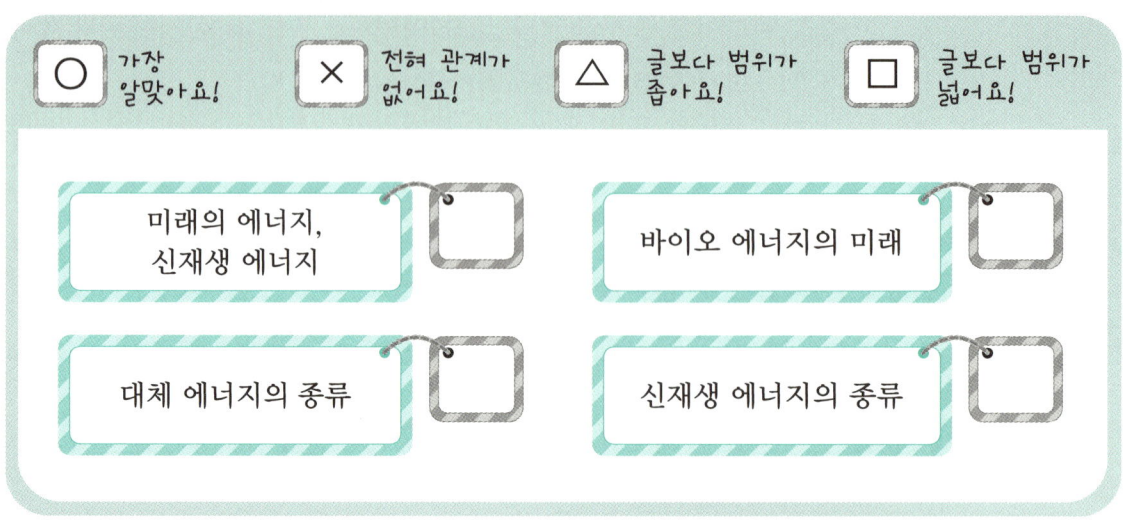

○ 가장 알맞아요!   × 전혀 관계가 없어요!   △ 글보다 범위가 좁아요!   □ 글보다 범위가 넓어요!

미래의 에너지, 신재생 에너지

바이오 에너지의 미래

대체 에너지의 종류

신재생 에너지의 종류

총 문제 개수 ⟨13⟩ 개 | 총 맞은 개수 ◯ 개 | 총 틀린 개수 ◯ 개

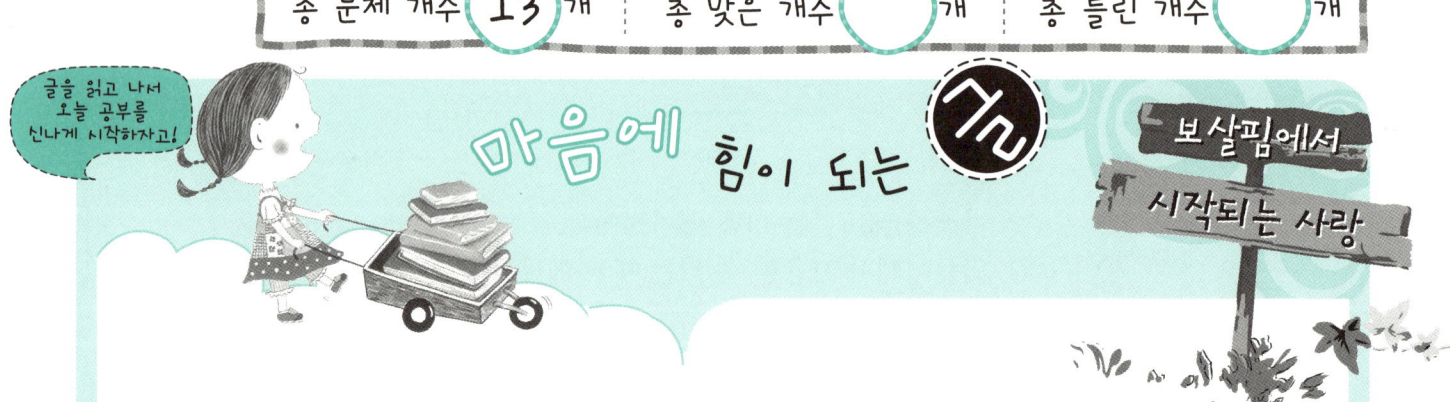

글을 읽고 나서 오늘 공부를 신나게 시작하자고!

마음에 힘이 되는 글

보살핌에서 시작되는 사랑

진영이는 학교가 끝나자마자 한걸음에 집으로 달려왔어요. 그리고는 단비부터 찾았어요.

"단비야! 언니 없어서 심심했지? 밥은 먹었니?"

진영이의 마음을 아는 듯, 단비도 꼬리를 살랑거리며 반가워했어요. 단비의 밥과 물을 챙겨 주는 것도, 목욕을 시키는 것도, 배설물을 치우는 것도 모두 진영이의 몫이랍니다. 단비라는 이름도 진영이가 지어 주었어요. 단비를 돌보기 시작한 지 겨우 한 달이지만, 진영이는 단비를 동생처럼 여긴답니다.

혹시, 여러분도 진영이처럼 애완견을 키우나요? 그렇다면, 가만히 생각해 보세요. 진영이가 단비를 동생처럼 느끼듯, 여러분의 애완견을 동생처럼 생각하는지 말이에요. 만약 그렇지 않다면 아직 한 가족이 되지 못한 거예요. 하지만 실망할 필요는 없어요. 지금부터 배설물도 치우고, 목욕도 시켜 주세요. 그러다 보면, 어느새 사랑하는 마음이 자라날 테니까요. 사랑은 보살핌에서 시작된답니다.

08회

머리 풀어 주는 퍼즐

도전 시간	걸린 시간
00 분 30 초	분 초

창의사고력 기초 다지기 판단 능력 쑥~

다음에 이어질 그림은 무엇일까요?

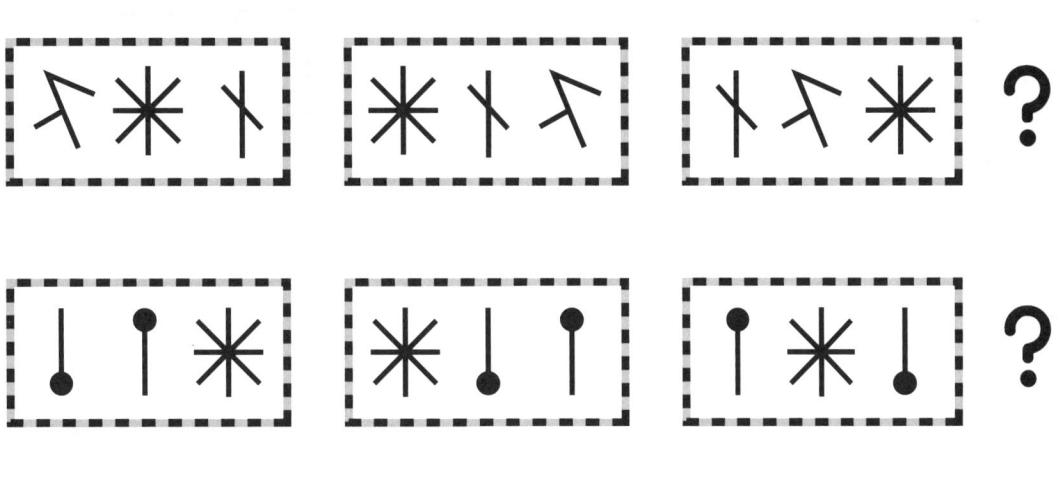

41

도전시간

| 7 분 | 00 초 |

걸린시간

| 분 | 초 |

● 오늘의 읽기 자료입니다. 잘 읽고 문제를 풀어 보세요.

후루룩 철퍼덕! 질퍽질퍽!

무슨 소리냐고? 으하하하! 지금 막 내가 세상으로 나온 소리다! 내가 바로 냄새 지독하기로 유명한 소똥이거든. 어허! 그렇게 코를 틀어막을 것까지는 없잖아. 콧구멍 늘어나게 말이야. 게다가 난 너무 바빠서 너희랑 놀아 줄 시간도 없다고.

너희들 그거 아니? 내가 요즘 에너지계에 떠오르는 샛별이란 거 말이야. 내가 전기를 좀 만들거든. 지금껏 사람들은 날 애물단지로 취급했어. 내가 썩을 때 나오는 메탄가스가 지구 온난화의 주범이라면서, 먼바다에까지 나가서 날 바닷속에 묻어 버렸지.

하지만 이제는 바이오 에너지라는 기술 덕분에 내가 귀한 몸이란 걸 알게 되었지. 사실, 내가 썩을 때 생겨나는 메탄가스는 박테리아가 날 청소하면서 뿡뿡 뀌어 대는 방귀야. 이 가스를 태워서 발전기를 돌리면 전기가 만들어진단다. 메탄가스 말고 열도 발생하는데 이 열로도 전기를 만들 수 있어. 게다가 전기를 다 만든 똥은 쓰레기가 아니라 비료야. 하나도 버릴게 없는 거라고.

생각해 봐. 소들이 똥을 뿌지직뿌지직 쌀 때마다 전기가 번쩍번쩍 생겨난다고 말이야. 게다가 똥은 돼지도 닭도 개도 그리고 사람도 누잖아. 에너지를 만드는 자원이 얼마나 풍부한 거니? 어때, 사람들이 나한테 홀딱 빠질 만도 하지? 아마 머지않아 이 똥이 거대한 원자력 발전소를 없앨지도 몰라. 원자력 발전소가 무척 긴장하는 눈치더라고.

이제 날 만날 때에는 콧구멍을 틀어막거나 슬슬 피하면 안돼! 큰 소리로 "고맙다, 똥아!" 하고 인사해!

①
핵심어 찾기

다음 어휘들 중에 위 글에 나온 어휘가 있으면 빈칸에 동그라미 하세요. 동그라미 한 어휘들이 위 글의 주제와 가장 관련이 높은 핵심어입니다.

문제 개수 6 개

맞은 개수 　　 개

틀린 개수 　　 개

메탄가스	해양 오염	바이오 에너지	태양열	똥	박테리아

다음 보기를 이용해서 ❷~❸번 문제를 풀어 보세요.

보기
① 쓰레기
② 메탄가스와 열로 전기를 만든다.
③ 화석 연료를 대신할 대체 에너지
④ 지구 온난화의 주범이다.
⑤ 비료로 사용
⑥ 바이오 에너지 기술의 발달

❷ 글의 짜임 그리기

다음은 위 글의 내용을 한눈에 볼 수 있도록 정리한 표입니다. ㉮~㉣에 보기의 ①~⑥을 알맞게 넣어 표를 완성해 보세요.

문제 개수 4 개

맞은 개수 ◯ 개

틀린 개수 ◯ 개

똥과 바이오 에너지		
처리 과정	과거	– 똥에서 발생하는 메탄가스는 ㉮ _____. – ㉯ _____로 취급해서 먼바다 깊은 곳에 묻어 버렸다.
	현재	– 똥에서 발생하는 ㉰ _____ – 전기를 만든 똥은 쓰레기가 아니라 비료로 사용한다.

⬇

㉣ _____로 똥은 화석 연료를 대신할 대체 에너지로 떠올랐다. 머지않아 원자력 발전소를 대신할 수도 있을 것이다.

❸ 요약 하기

다음은 위 글의 중심 내용을 요약한 것입니다. ㉮, ㉯에 보기의 ①~⑥을 알맞게 넣어 요약 글을 완성해 보세요.

문제 개수 2 개

맞은 개수 ◯ 개

틀린 개수 ◯ 개

더러운 똥이 귀하신 몸이 되고 있다. 바이오 에너지 기술의 발달로 ㉮ _____로 떠오르고 있는 것이다.

과거에는 똥에서 발생하는 메탄가스를 지구 온난화의 주범으로 여겼다. 그래서 쓰레기처럼 먼바다 깊은 곳에 묻어 버렸다. 그러나 오늘날에는 똥의 메탄가스와 열을 이용해 전기를 만들어 낸다. 또한 전기를 다 만든 뒤에는 ㉯ _____하고 있다. 똥을 이용한 바이오 에너지는 원자력 발전소를 대신할 새로운 에너지로 평가받고 있다.

다음은 위 글의 제목 후보입니다. 먼저, 위 글의 제목으로 가장 알맞은 것을 골라 빈칸에 ○를 하세요. 그런 다음, 주어진 조건에 맞게 ×, △, □를 표시하세요. (단, ○는 딱 한 개만 고르세요.)

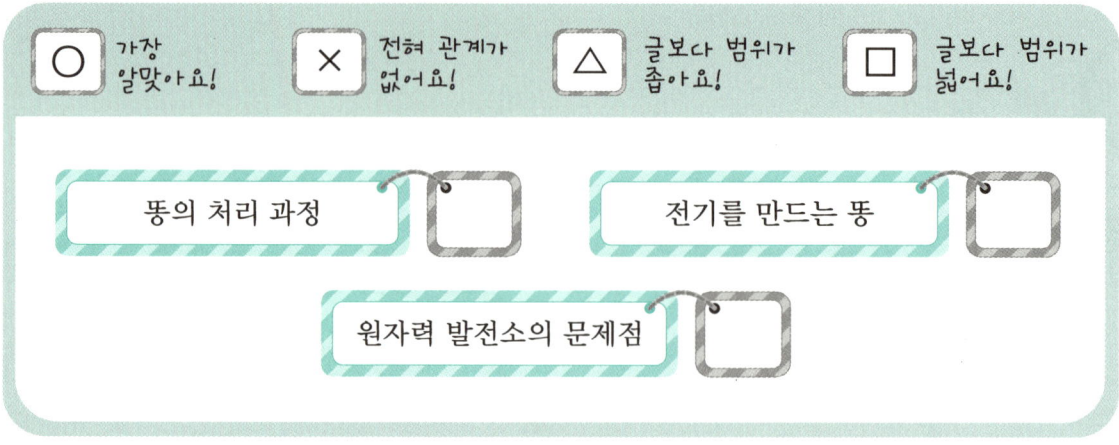

| ○ 가장 알맞아요! | × 전혀 관계가 없어요! | △ 글보다 범위가 좁아요! | □ 글보다 범위가 넓어요! |

똥의 처리 과정 ☐   전기를 만드는 똥 ☐

원자력 발전소의 문제점 ☐

총 문제 개수 15 개   총 맞은 개수 ◯ 개   총 틀린 개수 ◯ 개

글을 읽고 나서 오늘 공부를 신나게 시작하자고!

상식 쑥쑥 키우는 72

용과 드래건의 차이점

　용을 영어로는 '드래건(dragon)'이라고 합니다. 용과 드래건은 상상의 동물이라는 점 때문에 같다고 생각하지만, 사실은 전혀 다르답니다.

　동양에서는 용을 나라를 지켜 주고, 가뭄에 단비를 내려 주는 신성한 동물로 여깁니다. 하지만 서양에서는 용을 악을 상징하는 나쁜 동물이라고 생각한답니다. 동양에서는 영웅을 용에 비유하지만, 서양에서는 용을 물리친 이를 영웅이라고 불렀으니까요.

　용의 생김새도 동양과 서양이 전혀 딴판입니다. 동양의 용은 머리에 뿔이 있고 몸은 뱀과 비슷하며, 날개가 없고 날카로운 발톱과 네 다리를 가지고 있습니다. 하지만 도마뱀을 닮은 서양의 용은 날개가 달려 하늘을 날고 마법을 사용하며 입에서 불을 내뿜기도 합니다.

　비슷하지만 전혀 다른 용과 드래건. 동양과 서양의 문화 차이가 그대로 드러나는 상상의 동물이랍니다.

머리 풀어 주는 퍼즐

도전 시간
00 분 20 초

걸린 시간
분 초

창의사고력 기초 다지기) 정보처리능력 쑥~

보기의 모양이 사각형이 되기 위해 필요한 조각은 무엇일까요?

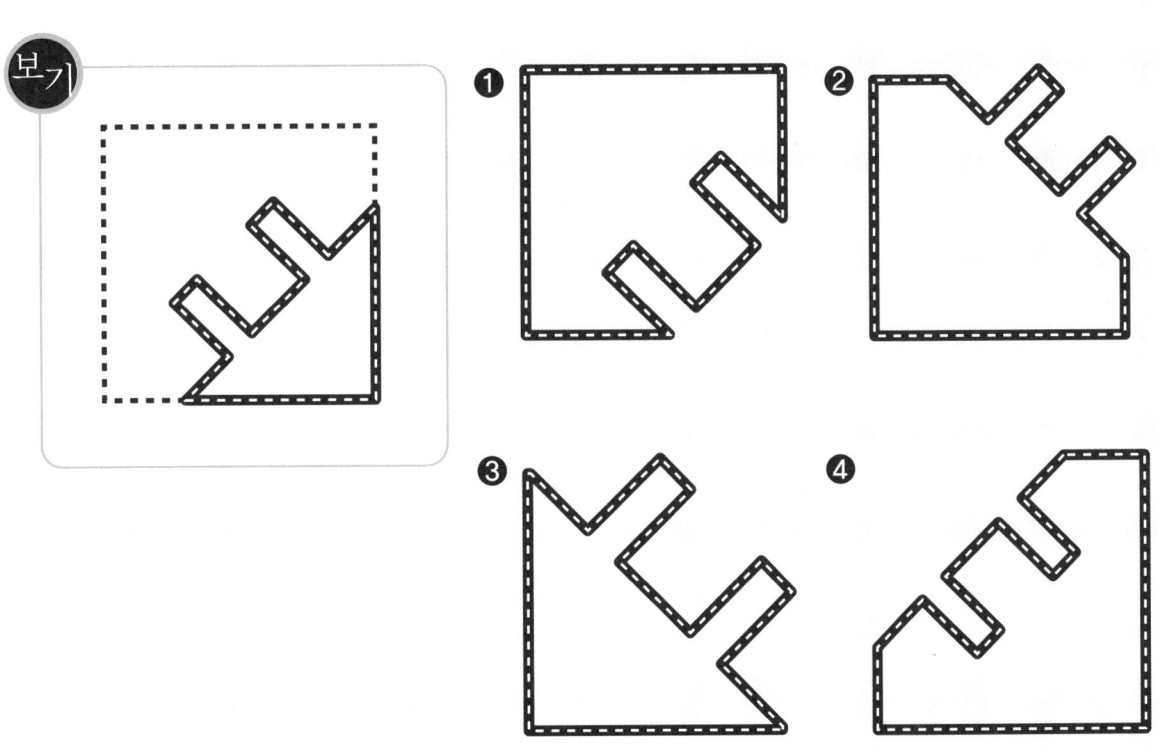

번

빠르고 정확하게 읽기

걸린시간

분 초

● 오늘의 읽기 자료입니다. 잘 읽고 문제를 풀어 보세요.

우리 아빠와 엄마는 'BMW족'이다. BMW족이란 버스(Bus)나 자전거(Bicycle), 지하철(Metro), 도보(Walking)를 이용하는 사람들을 말한다. 그러니까 우리 아빠는 비싼 외제 차 BMW를 타는 BMW족이 아니라, 건강에 좋은 자전거를 타는 BMW족이다.

아빠가 본격적으로 자전거를 타기 시작한 때는 지난 봄부터이다. 비가 오지 않으면 언제나 자전거로 출퇴근을 하고 있다. 엄마는 처음엔 반대했다. 자동차가 다니는 도로에서 자전거를 타는 건 위험하기 때문이었다. 하지만 지금은 엄마도 BMW족답게 늘 자전거를 이용한다. 시장에 갈 때도, 도서관에 갈 때도, 심지어 친구들을 만나러 근사한 음식점에 갈 때에도 자전거를 타고 간다.

아빠와 엄마는 자전거가 자동차가 일으키는 모든 문제를 한번에 해결해 주는 해결사라고 한다. 하긴, 자전거는 에너지가 필요 없고 지구를 깨끗하게 해 주는 교통수단이다. 자동차와 달리 석유가 없어도 되고, 매연 따위로 해로운 공해 물질을 발생시키지 않는다. 게다가 자전거를 타면 건강에도 큰 도움이 된다. 아빠와 엄마의 배가 홀쭉하게 들어간 것만 봐도 금세 알 수 있다.

아빠와 엄마는 '자전거 마일리지 운동'에도 참가하기로 했다. 도시의 환경을 지키기 위해 생활 속에서 자전거를 이용하자는 운동이다. 자전거 활동을 기록해서, 달린 거리만큼 배지도 나누어 주고, 지구 한 바퀴인 40,000km 를 달리면 기념패도 준다고 한다. 엄마는 벌써 자전거 동호회에서 떠날 도시 자전거 여행에 마음이 들떠 있다. 나도 이번 기회에 BMW족에 가입을 할까? 고민 좀 해 봐야겠다.

① 핵심어 찾기

다음 문장의 빈칸에 알맞은 낱말을 적어 보세요. 빈칸의 낱말이 위 글에서 가장 중요한 핵심어입니다.

문제 개수 **1** 개

맞은 개수 ◯ 개

틀린 개수 ◯ 개

┌─────────────┐
│   │ 이란 도시의 환경을 지키기 위해 생활 속에서 자전거를 이
└─────────────┘
용하자는 운동을 말합니다.

46

♥ 다음  를 이용해서 ❷~❸번 문제를 풀어 보세요.

보기
① 건강 문제 해결　　　　　　② 해로운 공해 물질
③ 에너지 문제 해결　　　　　　④ 생활 속에서 자전거를 타는
⑤ 도시의 환경을 지키기 위해
⑥ 버스(Bus)나 자전거(Bicycle), 지하철(Metro), 도보(Walking)

다음은 위 글의 내용을 한눈에 볼 수 있도록 정리한 표입니다. ㉮~㉱에 보기 의 ①~⑥을 알맞게 넣어 표를 완성해 보세요.

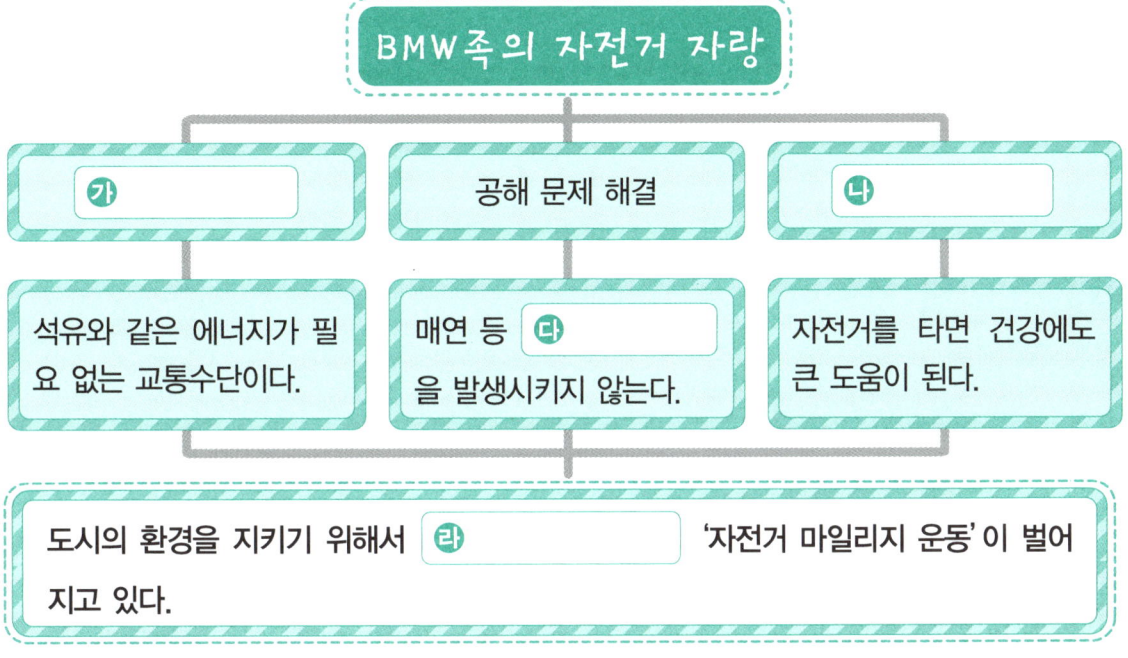

BMW족의 자전거 자랑

| ㉮ | 공해 문제 해결 | ㉯ |
| 석유와 같은 에너지가 필요 없는 교통수단이다. | 매연 등 ㉰ 을 발생시키지 않는다. | 자전거를 타면 건강에도 큰 도움이 된다. |

도시의 환경을 지키기 위해서 ㉱ '자전거 마일리지 운동'이 벌어지고 있다.

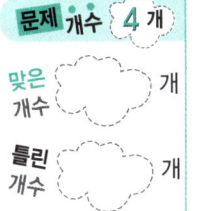

다음은 위 글의 중심 내용을 요약한 것입니다. ㉮, ㉯에 보기 의 ①~⑥을 알맞게 넣어 요약 글을 완성해 보세요.

　　교통수단으로 ㉮ 를 이용하는 사람들을 뜻하는 'BMW족'이란 신조어가 생겨났다. 이들은 자전거가 자동차가 일으키는 모든 문제를 한번에 해결한다고 주장한다. 자전거는 에너지와 공해 문제를 해결한다. 석유가 전혀 필요 없고, 매연 등의 해로운 공해 물질을 발생시키지 않기 때문이다. 또한 자전거는 건강에도 큰 도움을 준다. BMW족은 ㉯ 생활 속에서 자전거를 타는 '자전거 마일리지 운동'을 실천하고 있다.

다음은 위 글에 가장 어울리는 제목을 찾는 과정입니다. 서로 관계 있는 것끼리 줄로 이으세요.

자전거 마일리지 운동의 장점 ★

'BMW족'의 자전거 자랑 ★

자전거 도로의 필요성 ★

★ 이 글의 제목으로 딱 좋아!

★ 범위가 너무 좁아!

★ 이 글과 상관없는 제목이야!

총 문제 개수 ⑩ 개 ┊ 총 맞은 개수 ◯ 개 ┊ 총 틀린 개수 ◯ 개

글을 읽고 나서 오늘 공부를 신나게 시작하자고!

좋은 습관 다지는

72

프랑스식 식사 예절

프랑스의 대표적인 요리 푸아그라. 혹시 프랑스 친구의 초대를 받아 거위 간으로 만든 푸아그라를 먹을 기회가 생긴다면, 프랑스식 식사 예절을 지켜 보세요.

우선, 내 자리가 식탁의 어디에 있는지 잘 살펴야 해요. 남자 주인의 오른편에 중요한 손님이나 가장 나이가 많은 사람이 앉고, 남녀가 번갈아 가면서 앉거든요. 자리를 찾아 앉으면 식사가 시작되는데, 이때 냅킨을 펴서 무릎에 놓으세요. 가끔 냅킨에 손가락이나 입 주변에 묻은 음식물을 닦아도 돼요. 후식을 먹을 때까지 계속 펴 놓으면 된답니다.

포크와 나이프는 요리가 나올 때마다 바깥쪽부터 하나씩 사용하면 됩니다. 스프는 스푼을 자기 앞쪽에서 바깥쪽을 향하게 하여 떠먹고, 빵은 손으로 적당하게 잘라 먹습니다. 생선 요리는 윗부분의 살을 먹고 난 뒤, 뼈를 발라내고 나머지 부분을 먹습니다.

조금은 복잡해 보이는 프랑스식 식사 예절. 맛있는 요리를 즐기다 보면 어느새 자연스럽게 느껴질 거랍니다.

도전 시간	걸린 시간
00 분 50 초	분 초

창의사고력 기초 다지기 계산능력 쑥~

같은 줄에 있는 세 수의 합이 10이 되도록 숫자를 채워 넣으세요.

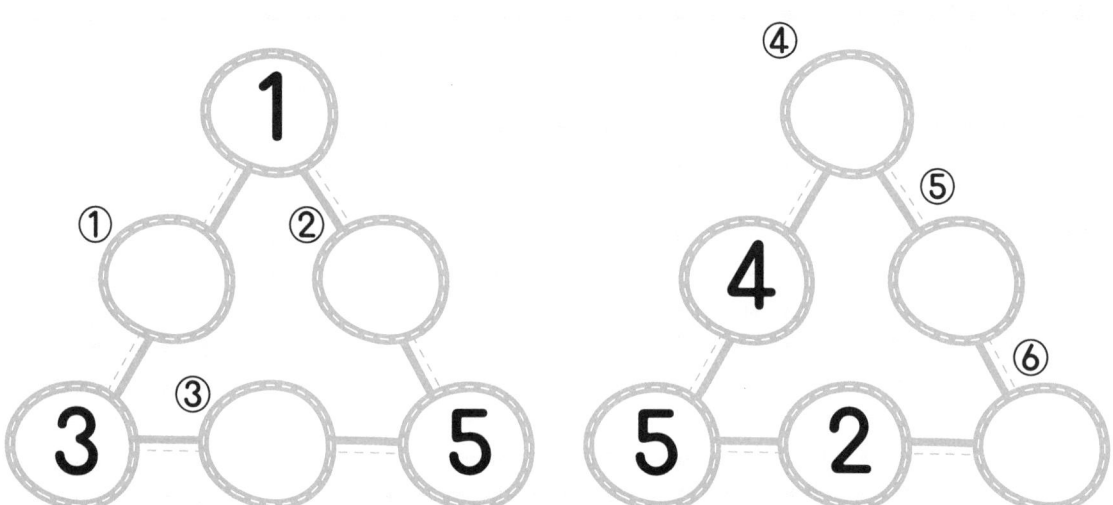

도전시간 **7** 분 **30** 초

걸린시간 　 분 　 초

● 오늘의 읽기 자료입니다. 잘 읽고 문제를 풀어 보세요.

　　마리안은 늘 하던 일인데도 긴장했다. 손에서 땀이 나고 목덜미가 뻣뻣해지는 것 같았다. 루이스가 옆에서 아무 말도 없이 지켜보고 있었다. 마리안은 크게 심호흡을 하고는 지뢰에 손을 대었다. 잠시 후, 마리안의 손에는 지뢰의 뇌관이 들려 있었다.

　　마리안과 루이스는 폭탄 제거반이다. 프랑스의 알자스에는 날마다 폭탄을 제거하는 폭탄 제거반 공무원이 따로 있다. 지금은 평화롭게 보이지만, 2차 세계 대전 중에는 매우 격렬한 전투가 일어났던 곳이다. 지금도 당시에 사용되었던 여러 종류의 지뢰를 비롯해 수류탄, 대형 폭탄들이 알자스 곳곳에서 발견되고 있다. 전문가들은 현재의 폭탄 제거반 인원으로 이 지역의 폭탄을 모두 제거하려면 앞으로 500년은 걸려야 한다고 말한다. 상상할 수 없을 만큼 많은 양의 폭탄이 알자스에 뿌려졌다는 것을 짐작할 수 있다.

　　폭탄 제거반이 폭탄을 제거하는 방법은 의외로 간단하다. 1단계는 폭탄을 찾아낸다. 주로 주민들의 제보를 받거나 첨단 장비를 동원하여 폭탄을 찾아낸다. 2단계는 뇌관을 제거한다. 폭탄마다 뇌관의 위치가 다르기 때문에, 폭탄을 잘 살펴야 한다. 3단계는 안전한 곳으로 옮긴다. 뇌관을 제거한 폭탄은 안전한 곳으로 이동시켜 보관한다. 가끔 2단계에서 뇌관이 없는 폭탄이나 뇌관을 찾을 수 없을 만큼 부식된 폭탄이 발견되기도 한다. 이런 경우에는 무리하게 뇌관을 제거하지 않고 안전한 곳으로 옮겨서 땅속이나 물속에서 일부러 폭파시켜야 한다.

　　전쟁이 끝난 지 60여년이 지났지만, 프랑스 알자스에는 여전히 전쟁의 그림자가 드리워져 있다. 그 그림자는 앞으로도 500년이나 계속될 예정이다.

① 핵심어 찾기

다음 어휘들 중에 위 글에 나온 어휘가 있으면 빈칸에 동그라미 하세요. 동그라미 한 어휘들이 위 글의 주제와 가장 관련이 높은 핵심어입니다.

문제 개수 **6** 개

맞은 개수 　 개

틀린 개수 　 개

지뢰	2차세계대전	폭탄 제거반	인공위성	핵무기	프랑스

♥ 다음 보기 를 이용해서 ❷~❸번 문제를 풀어 보세요.

❷ 글의 짜임 그리기

다음은 위 글의 내용을 한눈에 볼 수 있도록 정리한 표입니다. 가~다에 보기의 ①~⑥을 알맞게 넣어 표를 완성해 보세요.

문제 개수 3 개

맞은 개수 　 개
틀린 개수 　 개

프랑스의 폭탄제거반		
폭탄 제거반 위치	가	
폭탄 제거반 배경	2차 세계 대전 때 매우 격렬한 전투 지역이었기 때문	
폭탄의 종류	여러 종류의 지뢰, 수류탄, 대형 폭탄 등	
폭탄 제거 방법	1단계	폭탄 찾아내기
	2단계	나
	3단계	안전한 곳으로 옮기기
예상 소요 기간	다	

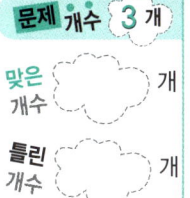

❸ 요약 하기

다음은 위 글의 중심 내용을 요약한 것입니다. 가~다에 보기의 ①~⑥을 알맞게 넣어 요약 글을 완성해 보세요.

문제 개수 3 개

맞은 개수 　 개
틀린 개수 　 개

프랑스의 알자스 지방에는 지금도 날마다 폭탄을 제거하러 다니는 가 　 　 이 있다. 2차 세계 대전 당시 매우 격렬한 전투 지역이었던 이 지역에는, 아직도 여러 종류의 나 　 　 　 등이 땅속 곳곳에 묻혀 있기 때문이다. 폭탄 제거반은 다 　 　 에 따라 임무를 수행하고 있다. 1단계로 폭탄을 찾아내고, 2단계로 폭탄의 뇌관을 제거하고, 3단계로 폭탄을 안전한 곳으로 옮기는 것이다. 폭탄 제거반의 임무는 앞으로도 500년이나 계속될 것으로 예상하고 있다.

다음은 위 글의 제목 후보입니다. 먼저, 위 글의 제목으로 가장 알맞은 것을 골라 빈칸에 O를 하세요. 그런 다음, 주어진 조건에 맞게 ×, △, □를 표시하세요. (단, O는 딱 한 개만 고르세요.)

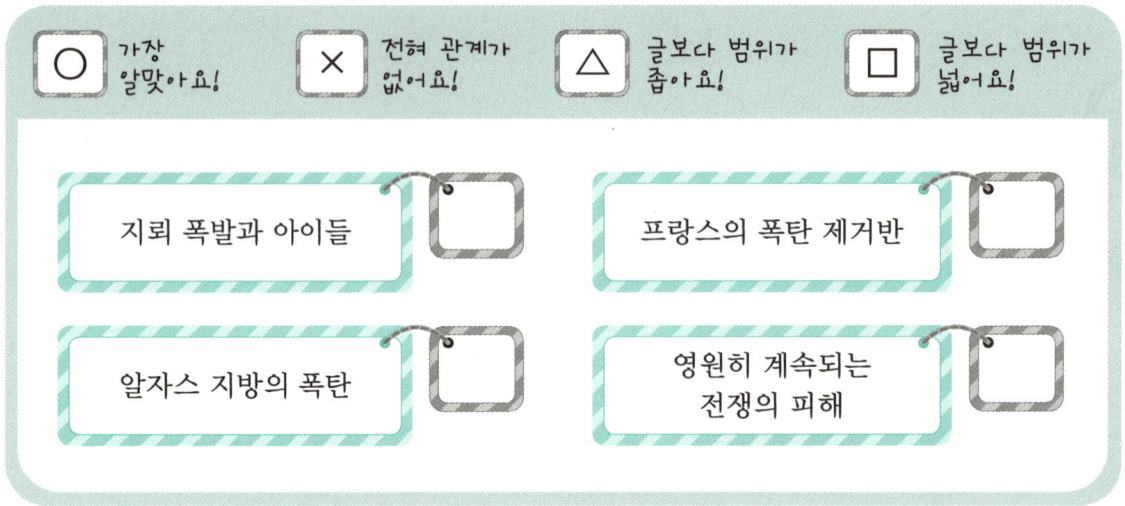

○ 가장 알맞아요!   × 전혀 관계가 없어요!   △ 글보다 범위가 좁아요!   □ 글보다 범위가 넓어요!

지뢰 폭발과 아이들

프랑스의 폭탄 제거반

알자스 지방의 폭탄

영원히 계속되는 전쟁의 피해

총 문제 개수 **16** 개 | 총 맞은 개수 ◯ 개 | 총 틀린 개수 ◯ 개

글을 읽고 나서 오늘 공부를 신나게 시작하자고!

마음에 힘이 되는 글

자신을 이기는 사람

　진희는 무언가를 써서 커다랗게 벽에 붙여 놓았어요. '1. 숙제 먼저 하기, 2. 컴퓨터 게임 30분만 하기' 그리고는 자신과의 약속을 꼭 지키키로 결심했답니다.

　여러분도 진희처럼 자신과 한 약속이 있나요? 날마다 줄넘기를 한다거나 동생과 다투지 않는다거나 말이에요. 아마, 약속은 근사하지만 지키기가 쉽지는 않았을 거예요. 이미 포기한 친구들도 있을 거구요.

　그런데 성공한 사람 대부분은 자신과의 약속을 지킨답니다. 자신과의 약속을 지키기 위해서는, 딱 한 사람만 이겨 내면 된답니다. 바로 자기 자신이에요. 날마다 줄넘기를 하기로 약속했다면, '에잇! 귀찮은데 오늘 하루만 줄넘기를 쉴까?' 하는 생각을 이겨 내야 해요. 그리고 동생과 사이좋게 지내기로 약속했다면, '얄미운 동생에게 꿀밤이나 한 대 쥐어박을까?' 하는 생각을 이겨 내야 하지요.

　자신과의 약속을 지키고 자신을 이기는 사람이야말로 진정으로 성공한 사람이랍니다.

11회

머리 풀어 주는 퍼즐

도전 시간 00 분 30 초

걸린 시간 분 초

창의사고력 기초 다지기 주의집중력 쑥~

다음 숫자 배열에는 규칙이 숨어 있습니다. 빈칸에 올 수는 무엇일까요?

1

1 1

1 2 1

1 2 2 1

1 2 3 2 1

1 2 3 3 2 1

1 2 3 □ 3 2 1

● 오늘의 읽기 자료입니다. 잘 읽고 문제를 풀어 보세요.

　　고대 올림픽의 역사는 아주 오래되었어요. 고대 올림픽은 기원전 776년 고대 그리스의 올림피아에서 처음 열렸습니다. 신들의 왕인 제우스를 기념하기 위한 행사였지요. 그 뒤로도 1천 2백년 동안 계속되었습니다. 4년마다 단 한 번도 거르지 않고 모두 293회나 열렸으니까요.

　　고대 올림픽의 역사가 긴 만큼 경기 종목에도 변화가 있었습니다. 처음에는 달리기 경주 한 종목만 있었지만, 중거리 · 장거리 달리기, 원반던지기, 레슬링, 권투, 전차 경주 등 종목이 다양하게 늘어났습니다.

　　그런데, 1천 2백년 동안 절대 바뀌지 않은 원칙이 하나 있답니다. 바로 '평화'랍니다. 사람들은 '제우스의 휴전'을 선포하고 올림픽 경기가 열리는 동안 모든 전쟁을 멈추었습니다. 3개월 동안의 평화가 시작되는 것이지요. 이 기간 동안에는 그리스는 물론이고 스페인과 멀리 북아프리카의 식민 국가까지 전쟁을 잠시 멈추었습니다. 그리고는 올림픽에 참가하기 위해 그리스까지 긴 여행을 해야 하는 선수와 관람객들을 보호했답니다.

　　또한 올림픽이 열리는 올림피아드의 '평화'를 위해서도 노력했습니다. 경기장에는 무기를 갖고는 절대 들어갈 수가 없었으니까요. 안전을 위해 올림픽 경기의 경호는 용맹하기로 유명한 스파르타 인들이, 운영은 올림피아의 엘리스 인들이 맡았습니다. 그래서 누구나 올림피아드를 안전하게 드나들 수 있었답니다.

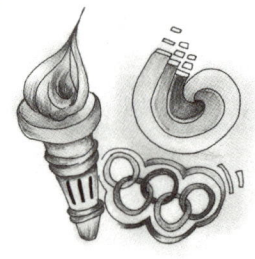

　　1993년 10월 국제 올림픽 위원회는 올림픽 개막과 폐막 전후 각각 일주일과 올림픽 기간 동안 전쟁을 멈추는 '올림픽 휴전'을 제안했습니다. '제우스의 휴전'의 평화 정신이 오늘날 다시 이어지고 있답니다.

①
핵심어
찾기

다음 문장의 빈칸에 알맞은 낱말을 적어 보세요. 빈칸의 낱말이 위 글에서 가장 중요한 핵심어입니다.

문제 개수 1 개

맞은
개수   개

틀린
개수   개

　　　　　　　　　은 고대 올림픽의 원칙으로 경기가 열리는 동안 모든 전쟁을 멈추는 3개월간의 평화 기간을 말한답니다.

54

♥ 다음 보기를 이용해서 ❷~❸번 문제를 풀어 보세요.

보기
① 스페인과 멀리 북아프리카의 식민 국가
② 올림픽 참가를 위해 여행을 하는 선수와 관람객 보호
③ 올림픽 휴전　　　　　　④ 올림픽 개·폐막의 전후 일주일
⑤ 평화 기간　　　　　　　⑥ 고대 올림픽의 경기가 열리는 때

❷
글의 짜임
그리기

다음은 위 글의 내용을 한눈에 볼 수 있도록 정리한 표입니다. ㉮~㉰에 보기의 ①~⑥을 알맞게 넣어 표를 완성해 보세요.

문제 개수 3 개

맞은 개수 　 개

틀린 개수 　 개

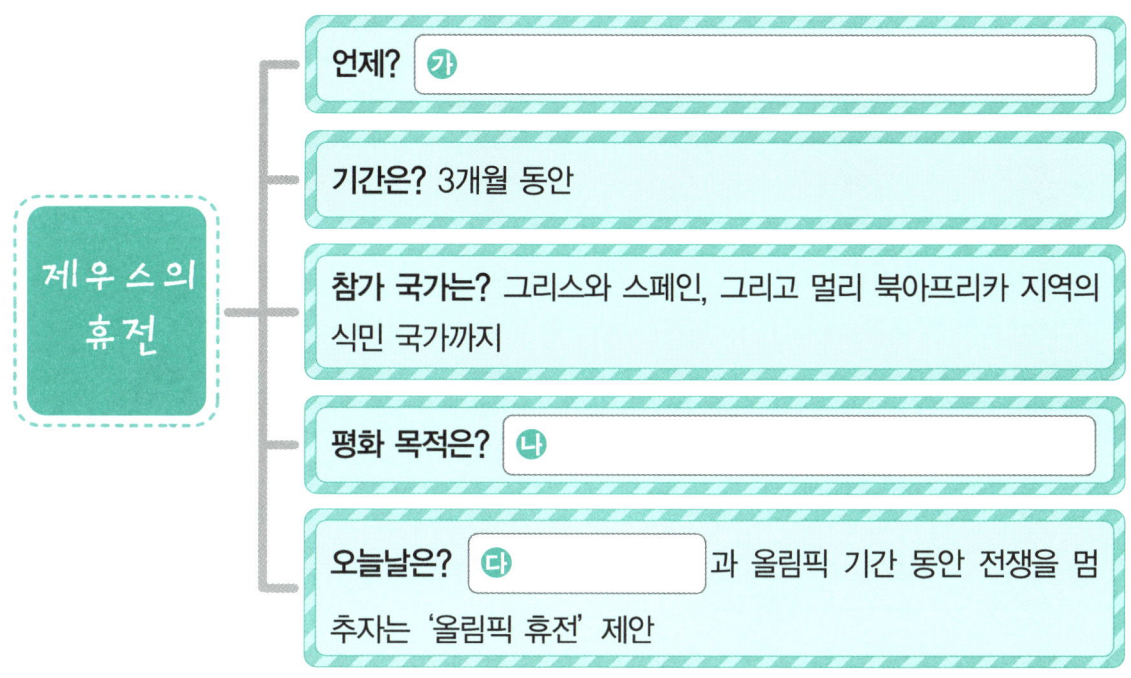

제우스의 휴전

언제? ㉮

기간은? 3개월 동안

참가 국가는? 그리스와 스페인, 그리고 멀리 북아프리카 지역의 식민 국가까지

평화 목적은? ㉯

오늘날은? ㉰ 　　　　　과 올림픽 기간 동안 전쟁을 멈추자는 '올림픽 휴전' 제안

❸
요약
하기

다음은 위 글의 중심 내용을 요약한 것입니다. ㉮~㉰에 보기의 ①~⑥을 알맞게 넣어 요약 글을 완성해 보세요.

문제 개수 3 개

맞은 개수 　 개

틀린 개수 　 개

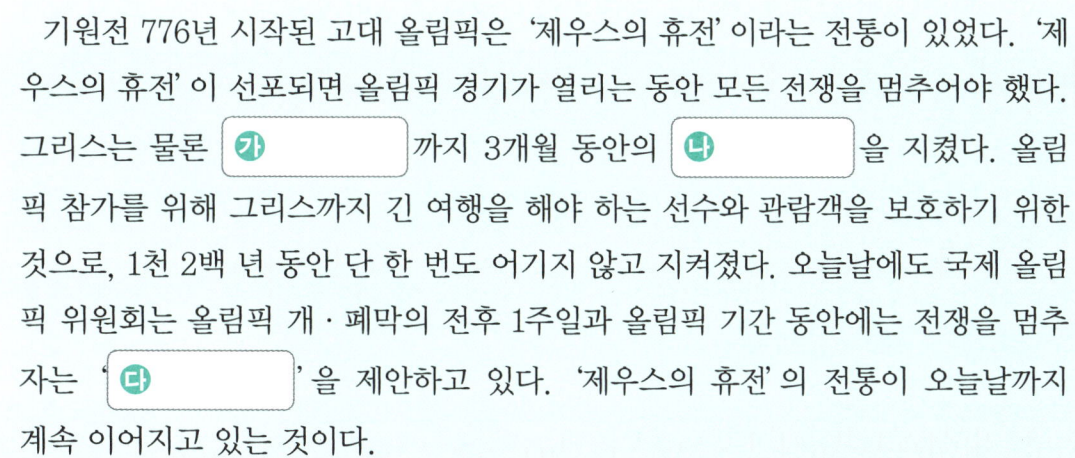

　기원전 776년 시작된 고대 올림픽은 '제우스의 휴전'이라는 전통이 있었다. '제우스의 휴전'이 선포되면 올림픽 경기가 열리는 동안 모든 전쟁을 멈추어야 했다. 그리스는 물론 ㉮ 　　　　까지 3개월 동안의 ㉯ 　　　　을 지켰다. 올림픽 참가를 위해 그리스까지 긴 여행을 해야 하는 선수와 관람객을 보호하기 위한 것으로, 1천 2백 년 동안 단 한 번도 어기지 않고 지켜졌다. 오늘날에도 국제 올림픽 위원회는 올림픽 개·폐막의 전후 1주일과 올림픽 기간 동안에는 전쟁을 멈추자는 '㉰ 　　　　'을 제안하고 있다. '제우스의 휴전'의 전통이 오늘날까지 계속 이어지고 있는 것이다.

다음은 위 글에 가장 어울리는 제목을 찾는 과정입니다. 서로 관계 있는 것끼리 줄로 이으세요.

고대 올림픽과 헤라 ★   ★ 이 글의 제목으로 딱 좋아!

고대 올림픽 경기의 변화 ★   ★ 범위가 너무 좁아!

고대 올림픽과 평화 ★   ★ 이 글과 상관없는 제목이야!

총 문제 개수 ⑩ 개 | 총 맞은 개수 ◯ 개 | 총 틀린 개수 ◯ 개

상식 쑥쑥 키우는

12

바닷속
해저 지형

글을 읽고 나서
오늘 공부를
신나게 시작하자고!

이사부해산, 우산해저절벽, 새날분지.

아마 처음 듣는 말일 거예요. 이 말은 모두 해저 지형의 이름이랍니다. 그냥 보기에는 바닷속이 평평할 것 같지만, 해저도 육지처럼 다양한 지형이 있답니다. 바닷속의 해저 지형으로는 대륙대 · 대륙붕 · 대륙 사면 · 심해 평원 · 해구 · 해령 · 해저 분지 등이 있어요.

그런데, 눈에 보이지 않는 깊은 해저 지형을 어떻게 알아낼까요? '다중 빔 음향 측정기' 라는 첨단 기계에서 음파를 쏘아 되돌아오는 시간을 계산하면, 3차원 입체 지형을 만들 수 있답니다. 이렇게 밝혀진 해상 지형과 해저 지형에게 모두 이름을 붙여 주어야 하는데, 해양지명위원회에서 담당하고 있답니다.

잠깐! 해양지명위원회에서 해양과 해저 지형의 이름을 붙여주듯, 육지의 이름은 중앙지명위원회라는 곳에서 붙여 준답니다.

머리 풀어 주는 퍼즐

창의사고력 기초 다지기 연상추리력 쏙~

보기 ❶과 ❷ 모양을 만들려면 ①번 나무토막이 모두 몇 개 필요할까요?

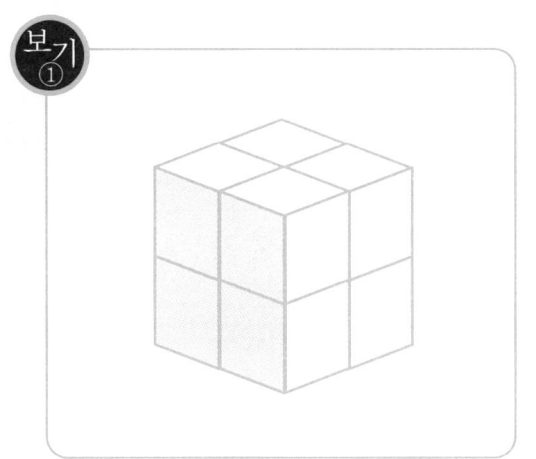

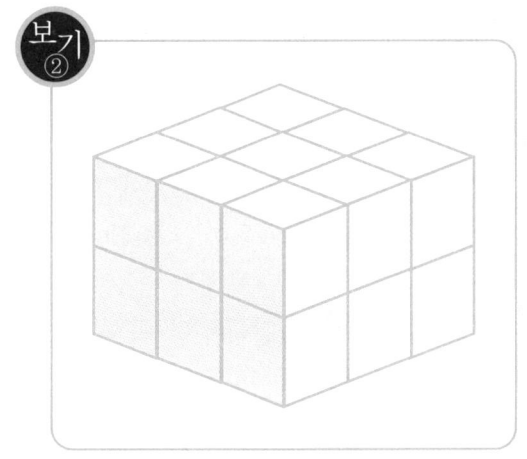

①

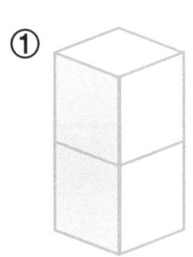

개   개

도전시간

7 분	30 초

걸린시간

분	초

● 오늘의 읽기 자료입니다. 잘 읽고 문제를 풀어 보세요.

어른들이 벌인 전쟁의 가장 큰 피해자는 바로 어린이들이다. 수단 내전으로 인해 180만 명의 어린이가 피해를 입었다. 올해 열세 살 된 소년 아메드도 그들 중 한 명이다.

아메드는 형 아마스 옆에 꼭 붙어 있었다. 아메드 형제는 수단의 카스 시에 있는 난민촌에서 생활하는 난민으로, 일주일 전에 이곳에 왔다.

"가족과 함께 잠을 자는데 갑자기 말발굽 소리가 들렸어요. 민병대가 온 거예요. 잠시 후, 총소리와 함께 사람들의 비명 소리가 들렸지요. 정말 무서웠어요. 우리 집에도 곧 들이닥칠 것 같았거든요. 아빠는 우리에게 빨리 숨으라고 했고, 나랑 형은 집에서 나와 뛰기 시작했어요. 엄마는 절대 뒤를 보지 말고 무조건 뛰라고 소리쳤지요."

형제는 사흘을 굶어 난민촌에 도착했다. 그리고 난민 캠프 주변에 뒹굴고 있는 가시덤불과 구호 단체에서 나누어 준 비닐을 이용해 임시거처를 만들었다. 현재 구호 단체에서 나누어 주는 음식과 물로 겨우 생활하고 있다.

"우리 집에는 과일나무랑 곡식이 있었어요. 날마다 가족이 모여 저녁을 먹었지요. 근데, 여기 생활은 너무 비참해요. 먹을 것도 부족하고 먹을 물도 없어요. 설사병에 걸리게 되면 죽을 거예요. 약도 없거든요. 제일 슬픈 건 엄마와 아빠를 다시는 볼 수 없다는 거예요."

아메드는 말없이 눈물을 흘렸다. 엄마와 아빠가 민병대에 의해 살해된 것을 알기 때문이다. 고통스러운 삶을 살고 있는 아메드 형제의 유일한 행복은 구호 단체에서 운영하는 학교에 가는 것이다.

"여기 아이들은 어울려 놀지 않아요. 웃을 일도 없어요."

희망도 기쁨도 모두 잃어버린 아메드는 무표정한 얼굴로 말했다.

①
핵심어
찾기

다음 어휘들 중에 위 글에 나온 어휘가 있으면 빈칸에 동그라미 하세요. 동그라미 한 어휘들이 위 글의 주제와 가장 관련이 높은 핵심어입니다.

문제 개수 **7** 개

맞은 개수 ☁ 개

틀린 개수 ☁ 개

난민촌	이라크	어린이	수단 내전	평화	구호 단체	피해자

♥ 다음 보기 를 이용해서 ❷~❸번 문제를 풀어 보세요.

❷ 글의 짜임 그리기

다음은 위 글의 내용을 한눈에 볼 수 있도록 정리한 표입니다. ㉮~㉳에 보기 의 ①~⑧을 알맞게 넣어 표를 완성해 보세요.

문제 개수 **4** 개

맞은 개수 〔 〕 개

틀린 개수 〔 〕 개

수단의 카스 난민촌

| 난민촌에 온 이유 | 난민촌의 생활 | 아메드 형제 |

㉮〔　　　〕으로 인해, 가족과 삶의 터전을 모두 잃고 난민촌에 오게 됨

▶ ㉯〔　　　〕
▶ 음식과 물 부족
▶ 의약품 부족

㉰〔　　　〕, 난민촌에서 희망도 기쁨도 없이 고통스럽게 지내고 있다.

전쟁의 최대 피해자는 ㉳〔　　　〕이다. 희망도 기쁨도 모두 잃어버린 채 비참하게 생활하고 있다.

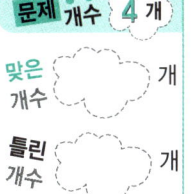

❸ 요약하기

다음은 위 글의 중심 내용을 요약한 것입니다. ㉮~㉳에 보기 의 ①~⑧을 알맞게 넣어 요약 글을 완성해 보세요.

문제 개수 **4** 개

맞은 개수 〔 〕 개

틀린 개수 〔 〕 개

　수단 카스의 난민촌에는 수많은 난민들이 몰려들고 있다. 이들은 수단 내전으로 인해 ㉮〔　　　〕이다. 난민촌의 생활은 비참 그 자체이다. 가시덤불에 비닐을 겨우 덮은 임시 거처에서 생활하는데, 음식과 물이 부족하고 의약품 부족으로 ㉯〔　　　〕 이곳에 온 지 일주일 된 ㉰〔　　　〕는 민병대에 의해 엄마와 아빠를 잃었다. 형제는 난민촌에서 웃음을 잃은 채 하루하루를 고통스럽게 지내고 있다. 전쟁의 최대 피해자는 아메드 형제와 같은 어린이들이다. ㉳〔　　　〕 모두 잃어버린 채, 비참하게 생활하고 있다.

다음은 위 글의 제목 후보입니다. 먼저, 위 글의 제목으로 가장 알맞은 것을 골라 빈칸에 ○를 하세요. 그런 다음, 주어진 조건에 맞게 ×, △, □를 표시하세요. (단, ○는 딱 한 개만 고르세요.)

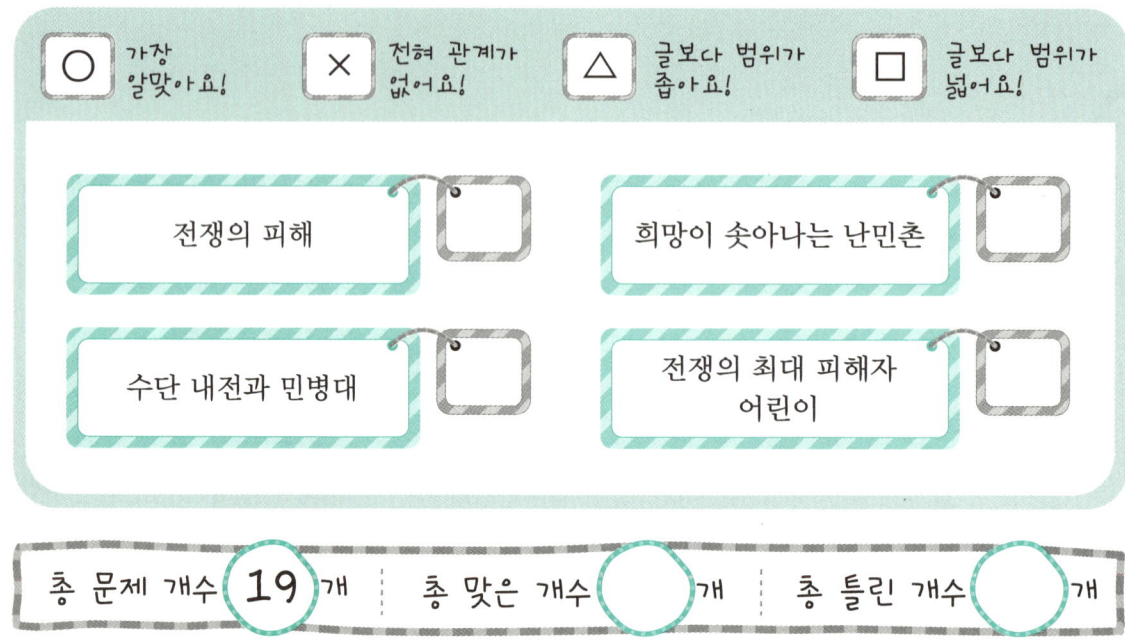

○ 가장 알맞아요!　　× 전혀 관계가 없어요!　　△ 글보다 범위가 좁아요!　　□ 글보다 범위가 넓어요!

| 전쟁의 피해 | ⬜ | 희망이 솟아나는 난민촌 | ⬜ |
| 수단 내전과 민병대 | ⬜ | 전쟁의 최대 피해자 어린이 | ⬜ |

총 문제 개수 ⟨19⟩ 개　　총 맞은 개수 ◯ 개　　총 틀린 개수 ◯ 개

글을 읽고 나서 오늘 공부를 신나게 시작하자고!

좋은 습관 다지는

공연장에서 지켜야 할 예절

　영화를 보러 극장에 갔다가, 짜증만 잔뜩 났던 경험이 있을 거예요. 갑자기 뒤에서 휴대 전화가 울린다거나 옆에서 소곤거리거나 하면 말이에요. 극장은 여러 사람이 함께 문화를 즐기는 곳으로, 극장과 같은 공연장에서는 지켜야 할 에티켓이 있답니다.

　① 공연이 시작하기 30분 전에 도착해서, 10분 전에 입장해야 해요. ② 입장할 때에는 반드시 휴대 전화를 꺼 주세요. ③ 공연마다 관람할 수 있는 나이가 제한되어 있으므로, 너무 어린 아이는 입장해서는 안 된답니다. ④ 공연장은 식당이 아니므로 음식물을 갖고 들어가서는 안 돼요. ⑤ 공연장 안에서 마음에 드는 빈자리가 있다고 함부로 이동해서는 안돼요.

　내가 지키는 공연장 에티켓이 공연의 감동을 더 크게 만들어 준답니다.

공부를 시작할 때도 준비운동이 필요하다고! 하나둘 하나둘

머리 풀어 주는 퍼즐

도전 시간 00 분 40 초

걸린 시간 분 초

창의사고력 기초 다지기 판단능력 쑥~

어떤 규칙을 따라 칸이 채워져 있습니다. 빈칸에 들어갈 그림은 무엇일까요?

❶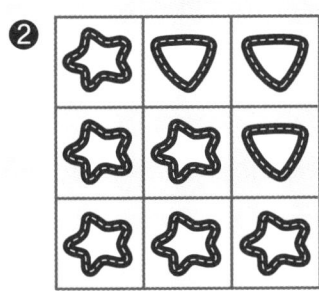

❷

❸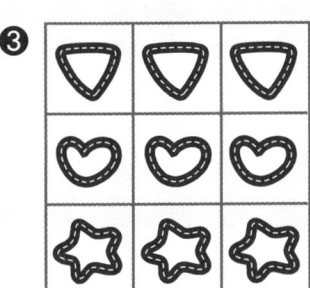

● 오늘의 읽기 자료입니다. 잘 읽고 문제를 풀어 보세요.

'금의환향(錦衣還鄕)'을 아시나요?

비단옷(錦衣) 입고 고향으로 돌아간다(還鄕)는 뜻으로, 성공해서 고향으로 돌아간다는 의미랍니다. 그런데 '금의환향' 하려는 욕심 때문에 결국 목숨까지 잃은 사람이 있습니다. 바로 '서기'에 등장하는 유명한 장수 '항우' 랍니다.

중국을 다스리던 진나라가 힘을 잃기 시작하자, 곳곳에서 장수들이 일어나기 시작했습니다. 그리고는 진나라를 차지하기 위해 치열한 전쟁을 벌였지요. 한나라의 유방과 초나라의 항우는 가장 세력이 강한 장수였습니다. 진나라의 수도 함양을 정복한 유방을 치기 위해 항우가 크게 군사를 일으킵니다. 이 소식을 들은 유방은 항우에게 함양을 넘겨주고 떠났답니다. 함양을 손에 넣은 항우는 진나라의 어린 왕자를 죽이고 궁전을 불태우는 등 아주 포악하게 행동했답니다.

항우는 파괴된 함양이 싫었습니다. 하루라도 빨리 고향인 초나라로 돌아가고 싶었던 그는 도읍을 고향인 팽성으로 정하려고 했습니다. 그러자, 한생이라는 사람이 "함양은 군사적으로도 중요하고 땅도 비옥합니다. 천하를 다스리려면 계속 함양을 도읍지로 해야 합니다."라고 말했지요. 이에 항우는 "성공을 해서 고향으로 돌아가지 않는 것은, 비단옷을 입고 밤길을 가는 것과 무엇이 다르냐[금의야행(錦衣夜行)]."며 자기 생각을 굽히지 않았답니다. 항우는 반대하는 한생을 죽이고 고향 팽성으로 금의환향(錦衣還鄕)을 했답니다. 그러나 항후는 훗날 크게 후회하고 맙니다. 세력을 다시 일으킨 유방과의 전투에서 크게 지고, 목숨까지 내놓아야 했거든요. 결국 유방이 세운 한나라가 중국을 다스리게 되었답니다.

❶ 핵심어 찾기

다음 문장의 빈칸에 알맞은 낱말을 적어 보세요. 빈칸의 낱말이 위 글에서 가장 중요한 핵심어입니다.

문제 개수 1 개

맞은 개수 ◯ 개
틀린 개수 ◯ 개

[   ]란 비단옷을 입고 고향으로 돌아간다는 뜻으로, 성공해서 고향으로 돌아간다는 의미입니다.

♥ 다음 를 이용해서 ❷~❸번 문제를 풀어 보세요.

보기
① 항우
② 비단옷을 입고 밤길을 가는 것
③ 고향인 초나라의 팽성
④ 고향인 팽성으로 금의환향
⑤ 한생
⑥ 천하를 다스리려면 함양을 도읍지로
⑦ 유방
⑧ 진나라의 수도 함양을 점령한 뒤

❷ 글의 짜임 그리기

다음은 위 글의 내용을 한눈에 볼 수 있도록 정리한 표입니다. 가~라에 보기의 ①~⑧을 알맞게 넣어 표를 완성해 보세요.

가 ___ 는 진나라의 수도 함양을 점령한 뒤, 진의 어린 왕자를 죽이고 궁전을 불태우는 등 아주 포악하게 행동했다.

➡

항우는 함양 대신 나 ___ 으로 도읍을 옮기려 했다. 그러자, 한생은 천하를 다스리려면 함양을 도읍지로 해야 한다며 반대했다.

⬇

금의환향의 욕심으로 함양을 포기한 항우는 훗날 크게 후회하고 만다. 라 ___ 과의 전투에서 지고 목숨까지 내놓아야 했기 때문이다.

⬅

항우는 '성공해서 고향으로 가지 않는 것은, 다 ___ ' 이라며, 한생을 죽이고 고향인 팽성으로 금의환향을 했다.

❸ 요약 하기

다음은 위 글의 중심 내용을 요약한 것입니다. 가~라에 보기의 ①~⑧을 알맞게 넣어 요약 글을 완성해 보세요.

항우는 가 ___ , 진나라의 어린 왕자를 죽이고 궁전을 불태우는 등 아주 포악하게 행동했다. 항우는 파괴된 함양 대신 고향인 팽성으로 도읍을 옮기려 했다. 그러자, 나 ___ 이 다 ___ 해야 한다며 반대했다. 항우는 '성공해서 고향으로 가지 않는 것은, 비단옷을 입고 밤길을 가는 것' 이라며, 한생을 죽이고 라 ___ 을 했다. 금의환향의 욕심 때문에 함양을 포기한 항우는 훗날 크게 후회하게 된다. 유방과의 전투에서 지고, 목숨까지 내놓아야 했기 때문이다.

다음은 위 글의 제목 후보입니다. 먼저, 위 글의 제목으로 가장 알맞은 것을 골라 빈칸에 ○를 하세요. 그런 다음, 주어진 조건에 맞게 ×, △, □를 표시하세요. (단, ○는 딱 한 개만 고르세요.)

문제 개수 **4** 개

맞은
개수 ☁ 개

틀린
개수 ☁ 개

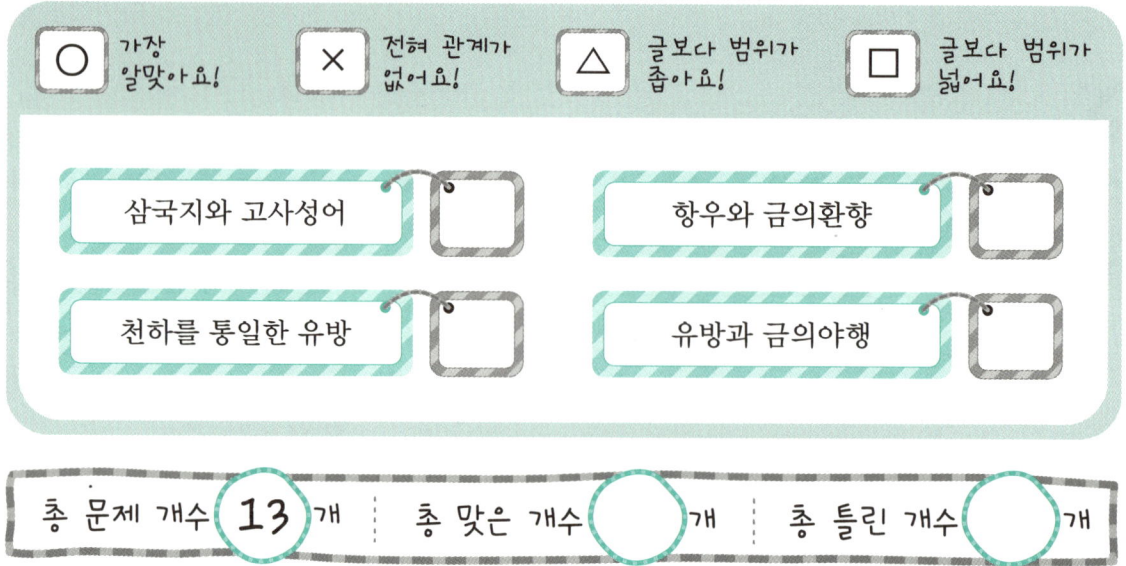

○ 가장 알맞아요!	× 전혀 관계가 없어요!	△ 글보다 범위가 좁아요!	□ 글보다 범위가 넓어요!

삼국지와 고사성어	○	항우와 금의환향	○
천하를 통일한 유방	○	유방과 금의야행	○

총 문제 개수 **13** 개 | 총 맞은 개수 ◯ 개 | 총 틀린 개수 ◯ 개

글을 읽고 나서 오늘 공부를 신나게 시작하자고!

마음에 힘이 되는 **글**

하얀 거짓말

　오늘 지혜가 놀러 왔어요. 엄마는 시장에서 사 온 순대를 꺼내며 나와 지혜에게 먹으라고 했답니다. 그러자 지혜는 점심을 많이 먹어서 배가 부르다며 먹지 않았어요. 그리고는 학원에 가야 한다며 집으로 돌아갔어요.

　지혜가 간 뒤 나는 "지혜는 거짓말쟁이야. 순대가 싫어서 안 먹어 놓고는 배부르다고 거짓말을 하네."라고 말했어요. 그러자 엄마는 그냥 거짓말이 아니라 '하얀 거짓말'이라고 했어요. 순대가 먹기 싫다고 말해 버리면, 엄마가 무안해 할까 봐 거짓말을 한 것이기 때문에 그렇대요. 거짓말이라고 모두 나쁜 게 아닌가 봐요.

　여러분도 지혜가 거짓말을 했다고 생각하나요? 사람들은 가끔 좋은 의도로 거짓말을 하기도 한답니다. 친구 엄마의 마음을 상하게 하지 않으려던 지혜처럼 말이에요. 하지만, 이런 거짓말도 너무 자주 하면 좋지 않아요. 어쨌든 거짓말이니까요.

머리 풀어 주는 퍼즐

창의사고력 기초 다지기 정보처리능력 쑥~

숫자와 기호가 짝지어져 있습니다. 다음 기호에 해당하는 숫자는 무엇일까요?

1	2	3	4	5	6	7	8

⹂ ⹃ ⹄ ⹅ ⹆ ⹇ ⹈ ⹉

⹅ ⹆ ⹉ = ?

⹇ ⹃ ⹈ = ?

도전시간

| 8 분 | 30 초 |

걸린시간

| 분 | 초 |

● 오늘의 읽기 자료입니다. 잘 읽고 문제를 풀어 보세요.

20○○년 ○○월 ○○일

머리가 띵하고 아프다. 할머니 댁에 오는 데 무려 8시간이나 걸렸다. 아빠는 작년보다 빨리 도착했다며, 고향에 와서 너무 좋다고 했다.

나는 고향이라는 말에 '나도 고향이 있나' 하는 생각이 들었다. 명절 때면 오는 할머니 집은 아빠의 고향이니까 말이다. 아빠는 "태어나서 자란 곳이 고향이야. 지금 네가 살고 있는 동네가 바로 네 고향인 거지."라고 했다. 그리고는 할머니네 근처에 있는 초등학교로 나를 데리고 갔다. 아빠는 "할머니에게 혼나면 늘 학교로 달려와서, 철봉에 거꾸로 매달려 하늘을 봤단다. 그럼 기분이 좋아지더라고." 하며, 녹슨 철봉대에 대롱대롱 매달렸다. 나는 철봉대에 매달린 아빠를 보면서, 고향이란 추억이 있는 곳이라는 생각이 들었다.

쑥을 캔다고 아파트 화단에 들어갔다가 경비 아저씨에게 혼난 일, 아파트 놀이터에서 친구들과 늦은 밤까지 놀던 일, 학교 운동장에서 신나게 공차기를 하던 일 등이 떠올랐다. 산과 들이 있는 시골은 아니지만, 아파트 단지로 가득 찬 우리 동네가 내 고향인 것이다.

아빠는 고향이란 엄마와 같은 거라며, 늘 마음에 간직해야 한다고 했다. 힘들고 지칠 때면 마음을 위로해 주고 힘을 북돋아 준다면서 말이다. 나는 아직 그 말이 무슨 뜻인지 잘 모르겠다. 하지만 엄마가 꼭 안아 주면 마음이 편안해지는 것처럼, 나중에 힘들고 지칠 때 친구랑 놀고 엄마가 보살펴 주던 어린 시절을 생각하면 힘이 날 수도 있겠다는 생각이 들었다.

집에 가면 더 많은 추억거리를 만들어야겠다. 힘들 때 더 많은 추억을 떠올릴 수 있게 말이다. 고향아! 기다려라! 내가 간다!

① 핵심어 찾기

다음은 위 글과 관련된 어휘들입니다. 가장 넓은 뜻을 지닌 어휘를 찾아 ✔해 보세요. 표시한 어휘가 위 글의 주제와 가장 관련이 깊은 핵심어입니다.

문제 개수 **1** 개

맞은 개수 ○ 개

틀린 개수 ○ 개

☐ 추억이 있는 곳　☐ 태어나고 자란 곳　☐ 고향　☐ 엄마 품 같은 곳

♥ 다음 보기를 이용해서 ❷~❸번 문제를 풀어 보세요.

보기
① 추억이 깃든 곳　　　　② 고향　　　　③ 엄마 품 같은 곳
④ 태어나서 자란 곳　　　　⑤ 아파트, 학교
⑥ 지금 내가 살고 있는 동네　　⑦ 마음을 위로해 주고 힘을 북돋아 주는

❷ 글의 짜임 그리기

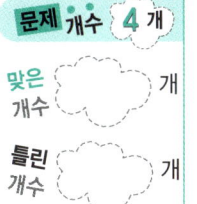

문제 개수 4 개

맞은 개수 　 개

틀린 개수 　 개

다음은 위 글의 내용을 한눈에 볼 수 있도록 정리한 표입니다. ㉮~㉣에 보기의 ①~⑦을 알맞게 넣어 표를 완성해 보세요.

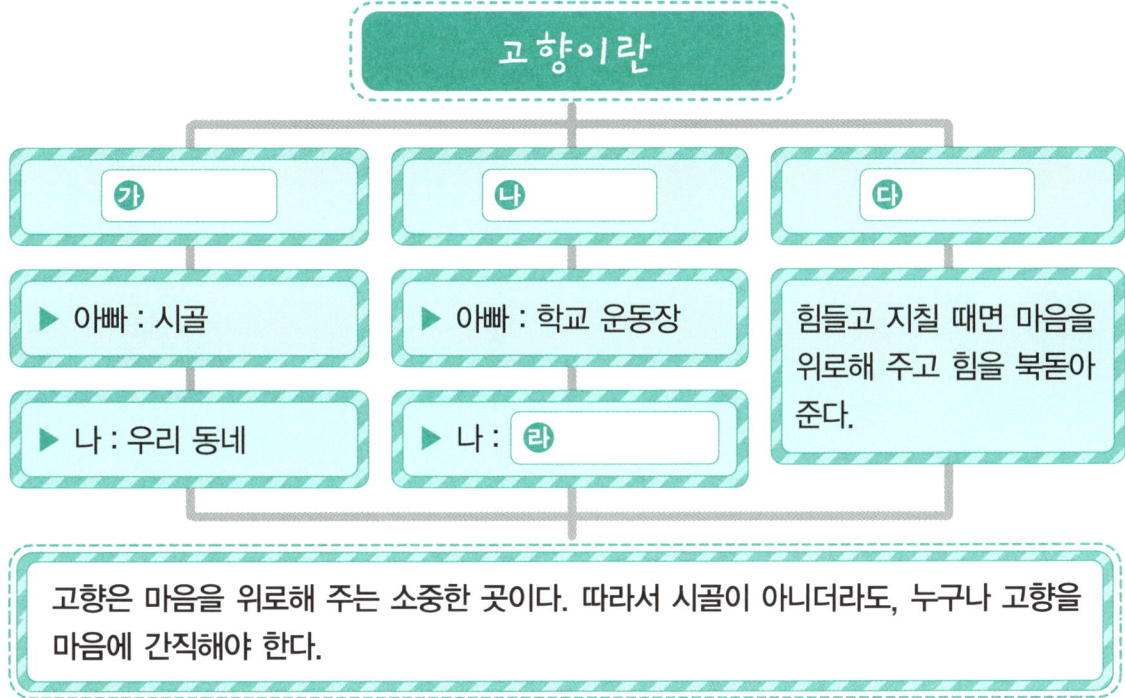

고향이란

| ㉮ | ㉯ | ㉰ |

▶ 아빠 : 시골　　　▶ 아빠 : 학교 운동장　　　힘들고 지칠 때면 마음을 위로해 주고 힘을 북돋아 준다.

▶ 나 : 우리 동네　　▶ 나 : ㉣

고향은 마음을 위로해 주는 소중한 곳이다. 따라서 시골이 아니더라도, 누구나 고향을 마음에 간직해야 한다.

❸ 요약 하기

문제 개수 3 개

맞은 개수 　 개

틀린 개수 　 개

다음은 위 글의 중심 내용을 요약한 것입니다. ㉮~㉰에 보기의 ①~⑦을 알맞게 넣어 요약 글을 완성해 보세요.

　㉮ 　　이란 태어나서 자란 곳으로 추억이 깃든 곳이면 어디든 고향이 될 수 있다. 아빠에게는 시골이, 나에게는 　㉯　 가 그런 곳이다. 따라서 시골이 아니더라도, 많은 추억거리가 있는 나의 동네를 고향이라고 생각해야 한다. 왜냐하면 고향은 엄마 품처럼 힘들고 지칠 때면 소중한 곳이기 때문이다.

④ 제목 달기

문제 개수 3 개

맞은 개수 ⬚ 개

틀린 개수 ⬚ 개

다음은 위 글에 가장 어울리는 제목을 찾는 과정입니다. 서로 관계 있는 것끼리 줄로 이으세요.

시골은 아빠의 고향 ★   ★ 이 글의 제목으로 딱 좋아!

명절과 귀성 행렬 ★   ★ 범위가 너무 좁아!

위로와 힘이 되는 고향 ★   ★ 이 글과는 상관없는 제목이야!

총 문제 개수 11 개 | 총 맞은 개수 ◯ 개 | 총 틀린 개수 ◯ 개

상식 쑥쑥 키우는 72 만약에 바퀴가 없다면

글을 읽고 나서 오늘 공부를 신나게 시작하자고!

만약에 바퀴가 없다면 어떻게 될까요? 아마도 세상이 딱 멈추어 버릴 거예요. 자동차도, 기차도, 자전거도 꼼짝없이 제자리에 있어야 하니까요.

세상을 움직이는 바퀴가 세상에 등장한 것은 아주 오래전이랍니다. 기원전 3500년경 남긴 수메르 인의 그림 문자들 속에 바퀴가 달린 썰매가 그려져 있으니까, 아마도 훨씬 전일 거예요. 맨 처음 바퀴는 물레 위에서 도자기를 만들었어요. 휙휙 잘 돌았으니까요. 그러다가 사람들은 바퀴가 땅에서도 잘 구른다는 걸 알게 되었고, 드디어 수레바퀴가 탄생하게 되었답니다. 수레바퀴는 전쟁터를 누비는 전차, 짐을 싣는 수레, 말이 끄는 마차로 발달하였고, 증기 기관차·자전거·자동차로 점점 더 진화했답니다.

바퀴는 어느 한 사람이 만든 발명품이 아니에요. 수레바퀴에서 말이 끄는 마차까지 자그마치 5천 년이 넘는 세월이 걸렸으니까, 수많은 사람들이 오랜 시간에 걸쳐 만들어 낸 발명품이랍니다.

머리 풀어 주는 퍼즐

창의사고력 기초 다지기) 계산능력 쑥~

같은 선에 있는 숫자 4개의 합이 40이 되도록 숫자를 넣어 보세요.

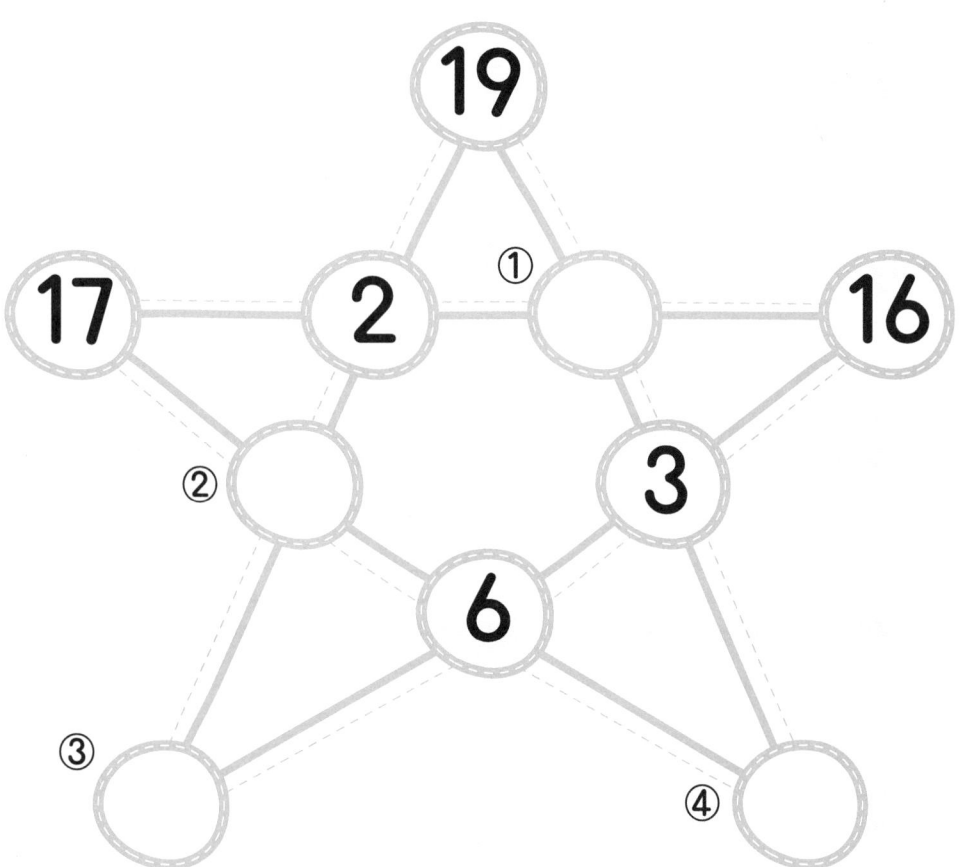

빠르고 정확하게 읽기

● 오늘의 읽기 자료입니다. 잘 읽고 문제를 풀어 보세요.

우리의 가장 큰 명절은 설과 추석입니다. 오랜만에 온 식구들이 고향 집에 모여서 특별한 음식도 먹고 놀이도 하며 즐겁게 지내니까요. 그런데 미국에도 우리의 명절처럼 가족들이 모이는 날이 있답니다. 바로 추수 감사절이에요. 큰 도시는 물론이고 작은 도시까지 여러 가지 행사가 열립니다. 장난감 퍼레이드와 밴드 행진이 추수 감사절이 시작되었음을 알리지요.

추수 감사절은 크리스마스와 함께 미국의 최대 명절로, 인디언들과 관계가 있어요. 1620년 아메리카 대륙에 사람들이 처음 들어왔는데, 인디언들이 이들에게 옥수수 재배법을 가르쳐 주었답니다. 이듬해 미국 사람들은 옥수수를 수확한 뒤, 인디언들을 초대했어요. 그리고는 칠면조 요리와 과일, 옥수수 등을 대접하고 3일 동안이나 재미나게 놀았답니다. 그러니까 추수 감사절은 미국 사람들이 아메리카 대륙에서 곡식을 처음 수확한 것을 기념하는 명절이지요.

추수 감사절은 11월 넷째 주 목요일이에요. 하지만 수요일부터 학교와 직장이 들썩이기 시작해요. 많은 사람들이 고향을 찾거나 여행을 떠나기 때문이지요. 추수 감사절을 대표하는 음식으로는 '칠면조 요리'와 '호박 파이'를 들 수 있어요. 특히, 칠면조 요리는 우리나라의 송편처럼 절대로 빼먹어서는 안 되는 음식으로 정성도 많이 들여야 한답니다. 커다란 칠면조의 배 속에 소를 잔뜩 넣은 다음 겉에 버터를 듬뿍 발라야 하거든요. 그리고 타지 않도록 은박지로 잘 싸서 오븐에 구워 내지요. 워낙 요리 시간이 오래 걸리기 때문에, 새벽에 일찍 오븐에 넣어 두어야만 점심에 먹을 수 있답니다.

추석과 추수 감사절. 비록 나라와 민족은 다르지만, 추수의 고마움을 가족과 함께 나누는 풍습만은 똑같답니다.

①
핵심어 찾기

다음은 위 글과 관련된 어휘들입니다. 가장 넓은 뜻을 지닌 어휘를 찾아 ✔ 해 보세요. 표시한 어휘가 위 글의 주제와 가장 관련이 깊은 핵심어입니다.

문제 개수 1 개

맞은 개수 ◯ 개

틀린 개수 ◯ 개

☐ 칠면조 요리　☐ 추수 감사절　☐ 호박 파이　☐ 11월 넷째 주 목요일

70

♥ 다음 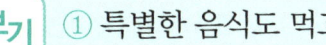 를 이용해서 ❷~❸번 문제를 풀어 보세요.

보기
① 특별한 음식도 먹고 놀이도 하면서   ② 미국
③ 칠면조 요리와 호박 파이   ④ 장난감 퍼레이드와 밴드 행진
⑤ 인디언들에게 옥수수 재배법을 배워 첫 수확을 한 것을 기념하는 날
⑥ 해마다 11월 넷째 주 목요일

문제 개수 3 개

맞은 개수 ◯ 개

틀린 개수 ◯ 개

다음은 위 글의 내용을 한눈에 볼 수 있도록 정리한 표입니다. ㉮~㉰에 보기의 ①~⑥을 알맞게 넣어 표를 완성해 보세요.

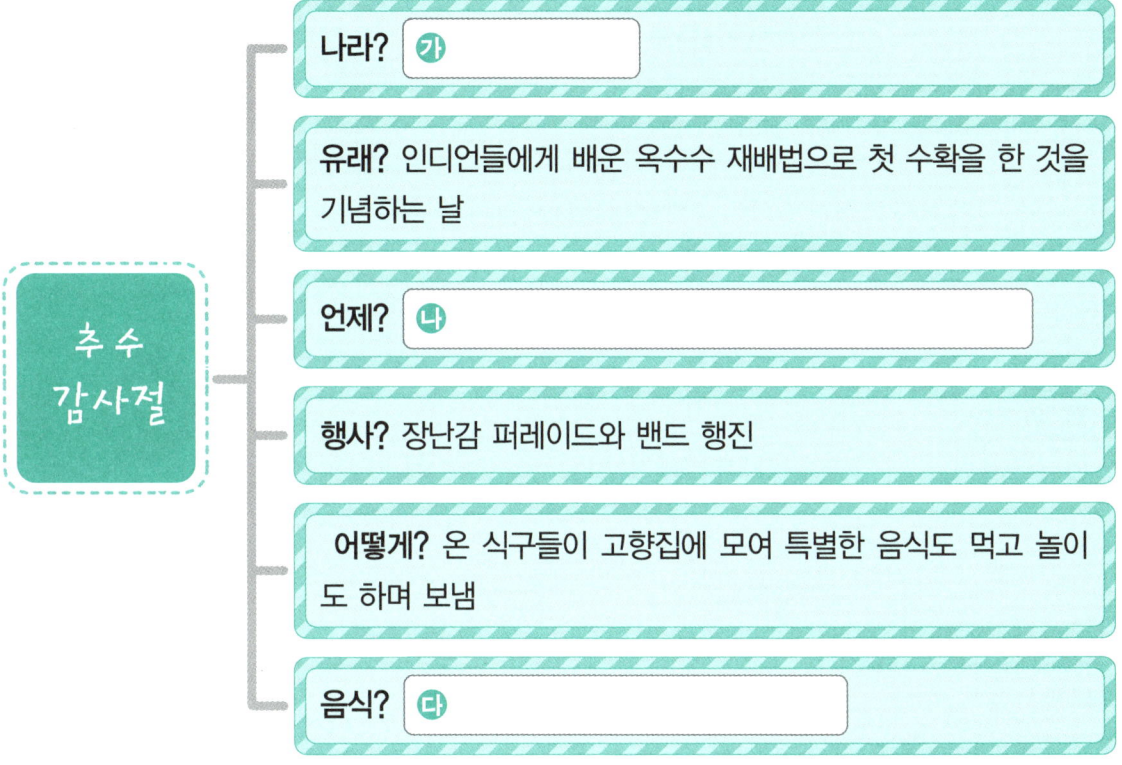

추수 감사절

- 나라? ㉮
- 유래? 인디언들에게 배운 옥수수 재배법으로 첫 수확을 한 것을 기념하는 날
- 언제? ㉯
- 행사? 장난감 퍼레이드와 밴드 행진
- 어떻게? 온 식구들이 고향집에 모여 특별한 음식도 먹고 놀이도 하며 보냄
- 음식? ㉰

문제 개수 3 개

맞은 개수 ◯ 개

틀린 개수 ◯ 개

다음은 위 글의 중심 내용을 요약한 것입니다. ㉮~㉰에 보기의 ①~⑥을 알맞게 넣어 요약 글을 완성해 보세요.

　　우리나라의 추석과 비슷한 명절이 미국에도 있다. 바로 추수 감사절이다. 추수 감사절의 유래는 인디언들과 관계가 있다. 아메리카 대륙에 첫발을 디딘 사람들이 ㉮ 　　　　　　　 이 추수 감사절이다. 추수 감사절은 해마다 11월 넷째 주 목요일이다. 도시마다 ㉯ 　　　　　　　 이 시작되고, 사람들은 고향 집에 모여 ㉰ 　　　　　　　 보낸다. 특히, 칠면조 요리와 호박 파이는 꼭 먹어야 하는 음식이다.

다음은 위 글의 제목 후보입니다. 먼저, 위 글의 제목으로 가장 알맞은 것을 골라 빈칸에 ○를 하세요. 그런 다음, 주어진 조건에 맞게 ×, △, □를 표시하세요. (단, ○는 딱 한 개만 고르세요.)

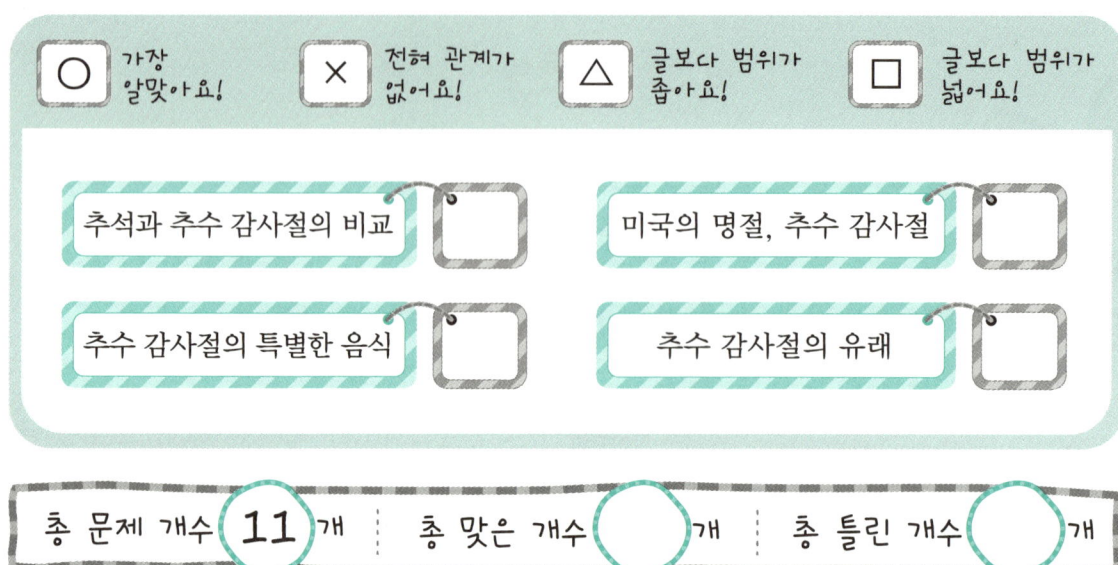

○ 가장 알맞아요!　×전혀 관계가 없어요!　△ 글보다 범위가 좁아요!　□ 글보다 범위가 넓어요!

| 추석과 추수 감사절의 비교 | | 미국의 명절, 추수 감사절 | |
| 추수 감사절의 특별한 음식 | | 추수 감사절의 유래 | |

총 문제 개수 **11** 개 　 총 맞은 개수 ◯ 개 　 총 틀린 개수 ◯ 개

좋은 습관 다지는

글을 읽고 나서 오늘 공부를 신나게 시작하자고!

7ᵃ

박물관에서 지켜야 할 예절

　유치원 동생들의 박물관 단체 관람을 지켜본 적이 있나요? 어떤 꼬마는 진지한 표정으로 전시물을 바라보고, 또 다른 꼬마는 정신없이 뛰어다니기도 할 거예요. 박물관은 여러 사람이 전시된 유물을 관람하는 공공장소예요. 따라서 지켜야 할 박물관 예절이 있답니다.

　① 박물관에서는 조용히 해야 해요. 그리고 이동 방향에 맞게 관람을 해야 한답니다. ② 전시물이 아름답다거나 신기하다고 손을 대어서는 절대 안 된답니다. ③ 휴대 전화는 끄고 관람하세요. 다른 사람에게 방해가 되니까요. ④ 음식물은 지정된 장소에서만 먹으세요. 박물관 전시실은 식당이 아니랍니다. ⑤ 애완동물은 데려오지 마세요. ⑥ 입장권과 안내서를 읽고 아무 데나 두지 마세요. 집에 가져가면 좋은 자료가 된답니다. ⑦ 쓰레기는 꼭 쓰레기통에 버려주세요.

　박물관은 우리의 소중한 문화유산이 전시되어 있는 곳입니다. 박물관 예절을 통해 더욱 소중히 아끼는 마음을 지녀야 하겠습니다.

창의사고력 기초 다지기 주의집중력 쑥~

두 개씩 서로 같은 그림이 두 쌍 있습니다. 이 그림들과 다른 나머지 하나는 무엇일까요?

번

● 오늘의 읽기 자료입니다. 잘 읽고 문제를 풀어 보세요.

우리나라의 달력은 조금 독특해요. 날 하나에 날짜가 두 개 적혀 있으니까요. 무슨 말이냐고요? 달력을 보세요. 커다란 숫자 밑에 조그만 숫자 하나가 더 있을 거예요. 큰 숫자는 양력, 작은 숫자는 음력이라고 부른답니다. 하지만, 정확하게는 음력이 아니라 태음태양력이라고 해야 맞습니다.

태음태양력이란 태음력과 태양력을 합한 말이에요. 태음력은 달 모양의 변화를 관찰해서 만든 달력이에요. 보름달과 보름달 사이의 29일을 기준으로 달력을 만들었는데, 1년을 354일로 셈했어요. 태음력은 밀물과 썰물에 예민한 어업에 적합한 달력이었어요. 태양력은 태양의 움직임을 살펴서 만든 달력이에요. 지구가 태양의 주위를 한 바퀴 도는 시간이 1년인데, 1년을 365일로 계산했지요. 태양력은 계절의 변화에 민감한 농사에 적합한 달력이었어요.

그런데 태음력을 사용하던 우리 조상들은 고민에 빠졌어요. 태양력이 계절의 변화에 민감한 농사에는 더 유용했거든요. 봄이면 씨를 뿌리고 가을이면 수확을 해야 했으니까요. 조상들은 태양력을 이용해 계절의 변화를 알 수 있는 24절기를 정해서 태음력을 보완했어요. 그리고 태음력 1년과 태양력 1년의 차이인 11일을 모아, 19년 안에 7달을 더 넣었어요. 이것이 바로 윤달이에요. '윤달'은 덤으로 생긴 달이라고 하여, '공달', '덤달', '여벌 달'이라고도 불렸답니다. 4년마다 한 번씩 윤달이 들었는데, 그 해는 1년이 12개월이 아니라 13개월이 된답니다. 조상들은 윤달이 되면 조상의 산소를 옮기거나 부모님의 수의를 샀어요. 공짜로 생긴 윤달에는 어떤 일을 해도 탈이 나지 않을 거라고 생각했답니다.

❶ 핵심어 찾기

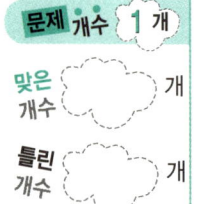

다음 문장의 빈칸에 알맞은 낱말을 적어 보세요. 빈칸의 낱말이 위 글에서 가장 중요한 핵심어입니다.

문제 개수 1 개

맞은 개수 ◯ 개

틀린 개수 ◯ 개

[_____]이란 달의 모양을 기준으로 한 태음력과 태양의 움직임을 기준으로 한 태양력을 합한 날짜 계산법을 말합니다.

♥ 다음 보기 를 이용해서 ❷~❸번 문제를 풀어 보세요.

보기
① 공달, 덤달, 여벌 달
② 달 모양의 변화를 기준으로 한 태음력
③ 밀물과 썰물에 예민한 어업
④ 4년마다 한 번씩
⑤ 태양의 움직임
⑥ 산소를 옮기거나 부모님의 수의를 샀다.
⑦ 공짜로 생긴 윤달
⑧ 계절의 변화에 민감한 농업

❷ 글의 짜임 그리기

다음은 위 글의 내용을 한눈에 볼 수 있도록 정리한 표입니다. 가~다에 보기 의 ①~⑧을 알맞게 넣어 표를 완성해 보세요.

문제 개수 3 개

맞은 개수 ⬡ 개

틀린 개수 ⬡ 개

	태음력	태양력
기준	달 모양의 변화	가
1년 계산	354일	365일
적합한 분야	나	계절의 변화에 민감한 농업
보완 방법	▶ 태음력과 태양력 1년의 차이인 11일을 윤달로 보완했다. ▶ 윤달은 다 들었는데, '공달 · 덤달 · 여벌달' 이라 불렀다. ▶ 윤달에는 탈이 나지 않는다 하여, 산소를 옮기거나 부모님의 수의를 샀다.	

❸ 요약 하기

다음은 위 글의 중심 내용을 요약한 것입니다. 가~마에 보기 의 ①~⑧을 알맞게 넣어 요약 글을 완성해 보세요.

문제 개수 5 개

맞은 개수 ⬡ 개

틀린 개수 ⬡ 개

우리 조상들은 태음태양력을 사용했다. 태음태양력이란 가 과 태양의 움직임을 기준으로 한 태양력을 서로 보완한 날짜 계산법이다. 태음력은 밀물과 썰물에 예민한 어업에, 태양력은 나 에 적합했다. 태음력은 1년을 354일로, 태양력은 365일로 보았다. 1년의 차이인 11일을 보완하기 위해, 다 을 넣었다. ' 라 ' 이라 불리는 윤달이 들은 해는 1년이 13개월이었다. 윤달에는 무슨 일을 해도 탈이 나지 않는다고 여긴 조상들은, 윤달이 되면 마 .

다음은 위 글에 가장 어울리는 제목을 지어 보는 과정입니다. 보기 에 주어진 단어를 이용해서 제목을 달아 보세요.

보기   달과   태음태양력   함께   태양이   만든

총 문제 개수 10 개 | 총 맞은 개수 개 | 총 틀린 개수 개

마음에 힘이 되는 글

인내가 필요해요

글을 읽고 나서 오늘 공부를 신나게 시작하자고!

인내란 어렵고 힘든 일을 잘 참고 이겨 내는 것을 말해요.

누구나 인내가 필요해요. 아빠는 운전할 때 인내가 필요해요. 차가 꽉 밀려 꼼짝없이 도로에 갇혔을 때, 화내지 않고 교통체증이 풀릴 때까지 기다려야 하거든요. 엄마도 인내가 필요해요. 모르는 수학 문제를 내가 이해할 때까지 차근차근 몇 번이고 설명해 주어야 하니까요.

동생도 마찬가지예요. 블록을 잘 맞추지 못해도 짜증 내지 않고, 천천히 만들어야 하니까요. 물론, 여러분도 인내가 필요해요. 친구랑 놀이터에서 놀고 싶어도 꾹 참아야 하거든요. 숙제를 다 마칠 때까지 말이에요.

인내는 생각보다 어렵지 않아요. 지금 당장이 아니라, 조금 있다가 할 수 있다고 생각하면 되니까요.

머리 풀어 주는 퍼즐

창의사고력 기초 다지기 연상추리력 쑥~

12에서 출발하여 계산 끝에 4가 나오도록 하는 길을 찾아 보세요.

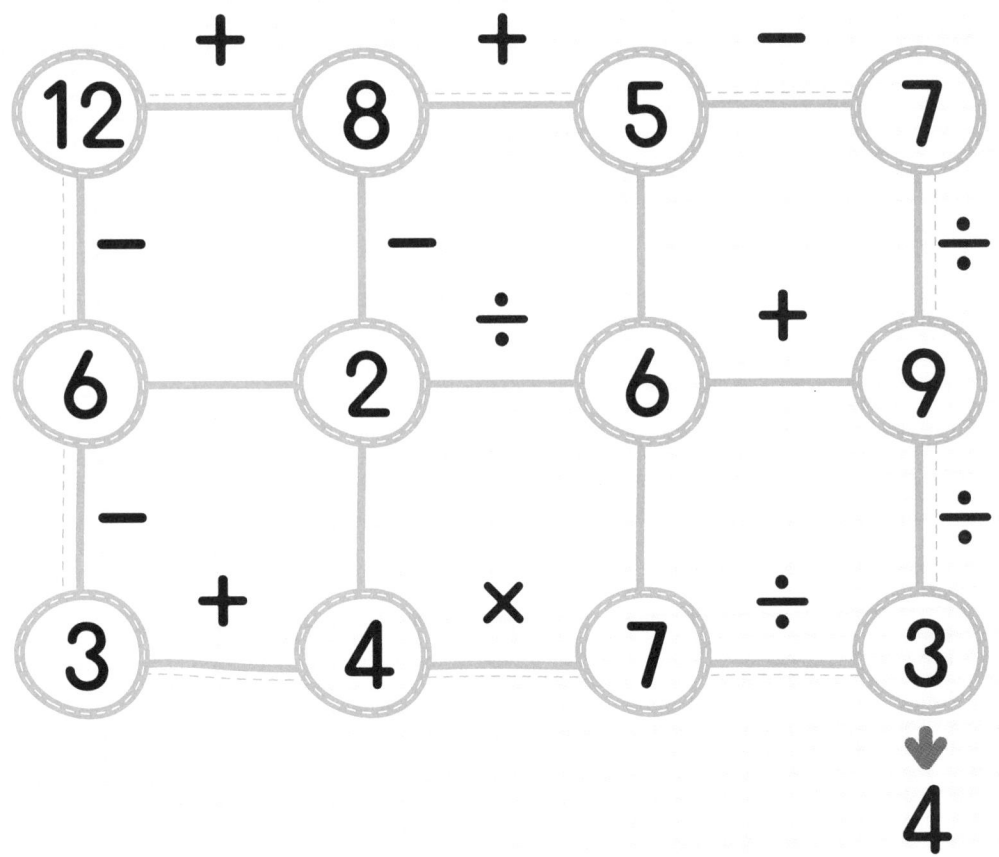

걸린시간
분 초

● 오늘의 읽기 자료입니다. 잘 읽고 문제를 풀어 보세요.

안녕하세요?

맛있는 음식을 간단하게 소개해 드리는 '간단 요리사'예요.

이번에는 건강에도 도움이 되고 맛도 좋은 음식을 소개해 드릴게요. 바로 정월 대보름에 먹는 약밥이에요. 찰밥에다가 대추, 밤, 잣을 넣어 버무린 다음 꿀, 참기름, 간장을 섞어서 만든 영양가 높은 음식이랍니다. 몸에 약이 되는 꿀을 넣어 지어서 약밥이라고 한답니다. 약밥은 신라 때부터 즐겨 먹던 아주 오래된 음식이에요.

전통 음식인데 요리법이 복잡한 거 아니냐고요? 천만에요. 간단 요리사도 놀랄 만큼 간단히 만들 수 있답니다. 재료로 찹쌀 3컵, 흑설탕 1컵, 진간장 1숟가락, 식용유 2숟가락 그리고 밤, 대추, 잣, 계핏가루, 소금, 참기름을 준비하세요.

먼저, 약밥을 짓기 전에 찹쌀을 물에 불려야 해요. 찹쌀을 한 시간쯤 불려서 채반에 쏟아 물기를 쪽 빼세요. 약밥을 짓기 전에 미리 해 놓아야 하니까, 잊으면 안 돼요. 압력솥에 물기가 빠진 찹쌀을 담으세요. 그리고 흑설탕, 진간장, 식용유, 계핏가루, 소금, 대추, 밤을 넣고 잘 섞어 주세요. 이제 물을 붓고 밥만 지으면 된답니다.

잠깐! 밥물은 2컵 7부 정도로 잡으셔야 해요. 그래야 약밥이 질지 않고 고슬고슬하게 되니까요. 밥이 다 되면 커다란 그릇에 쏟아 붓고, 참기름과 잣 등을 넣어 주걱으로 살살 섞어 주세요. 마지막으로 먹기 좋은 크기로 알맞게 떼어 내어 모양을 만들어 보세요. 먹음직스러운 약밥이 완성되었지요?

전통 음식이라고 두려워하지만 말고, 한번 도전해 보세요.

❶ 핵심어 찾기

다음 문장의 빈칸에 알맞은 낱말을 적어 보세요. 빈칸의 낱말이 위 글에서 가장 중요한 핵심어입니다.

문제 개수 1개

맞은 개수 ◯ 개

틀린 개수 ◯ 개

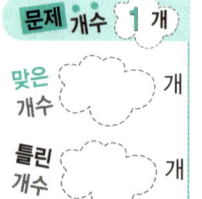

　　　　　이란 찰밥에다가 대추, 밤, 잣 그리고 몸에 약이 되는 꿀을 넣어서 만든 음식으로, 신라 때부터 즐겨 먹던 아주 오래된 음식이랍니다.

♥ 다음 를 이용해서 ❷～❸번 문제를 풀어 보세요.

보기
① 불린 쌀을 채반에 쏟아 물기를 쪽 뺀다.　③ 참기름과 잣을 넣어 살살 섞는다.
② 신라 때부터 즐겨 먹던　　　　　　　⑤ 2컵7부 정도의 밥물
④ 흑설탕, 진간장, 식용유, 계핏가루, 소금, 대추, 밤
⑥ 흑설탕, 진간장, 식용유, 계핏가루, 소금, 대추, 밤을 넣고 잘 섞는다.

❷
글의 짜임
그리기

다음은 위 글의 내용을 한눈에 볼 수 있도록 정리한 표입니다. 가～다에 보기의 ①～⑥을 알맞게 넣어 표를 완성해 보세요.

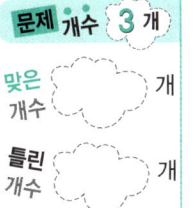

문제 개수 3 개

맞은
개수 〔 〕 개

틀린
개수 〔 〕 개

찹쌀 3컵, 흑설탕 1컵, 진간장 1숟가락, 식용유 2숟가락, 밤, 대추, 잣, 계피가루, 소금을 준비한다. ➡ 찹쌀을 한 시간쯤 물에 불린다. ➡ 〔 가 　　　　　　 〕 ➡ 압력솥에 물기가 빠진 찹쌀을 담는다. ➡ 〔 나 　　　　　 〕 ➡ 2컵 7부 정도의 밥물을 붓고 밥을 짓는다. ➡ 밥이 다 되면, 그릇에 쏟아 붓고 〔 다 　　　　 〕 ➡ 먹기 좋은 크기로 떼어 내서 모양을 만든다.

❸
요약
하기

다음은 위 글의 중심 내용을 요약한 것입니다. 가～다에 보기의 ①～⑥을 알맞게 넣어 요약 글을 완성해 보세요.

문제 개수 3 개

맞은
개수 〔 〕 개

틀린
개수 〔 〕 개

　약밥은 찰밥에다 대추, 밤, 잣, 꿀 등을 넣어서 만든 음식으로, 〔 가 　　　 〕 아주 오래된 음식이다. 재료로는 찹쌀 3컵, 흑설탕 1컵, 진간장 1숟가락, 식용유 2숟가락, 밤, 대추, 잣, 계핏가루, 소금을 준비한다. 먼저, 찹쌀을 한 시간쯤 물에 불린 뒤, 채반에 쏟아 물기를 쪽 빼놓는다. 압력솥에 물기가 빠진 찹쌀을 담고, 〔 나 　　　　 〕 을 함께 넣고 잘 섞는다. 이제, 〔 다 　　　 〕 을 붓고 밥을 짓는다. 밥이 다 되면, 그릇에 쏟아 붓고 참기름과 잣을 넣어 살살 섞는다. 마지막으로 먹기 좋은 크기로 떼어내서 모양을 만든다.

다음은 위 글에 가장 어울리는 제목을 찾는 과정입니다. 서로 관계 있는 것끼리 줄로 이으세요.

몸에 좋은 전통 음식 ★   ★ 이 글의 제목으로 딱 좋아!

약밥 만드는 방법 ★   ★ 범위가 너무 넓어!

꿀의 다양한 효능 ★   ★ 이 글과 상관없는 제목이야!

총 문제 개수 ⑩ 개 | 총 맞은 개수 ◯ 개 | 총 틀린 개수 ◯ 개

상식 쑥쑥 키우는

세계 최초의
철도

글을 읽고 나서
오늘 공부를
신나게 시작하자고!

　　세계 최초의 철도는 1925년 영국의 스톡턴과 달링턴 사이에 놓인 철도랍니다. 원래 이 철도는 말이 끄는 석탄차를 위한 철길을 놓을 예정이었어요. 하지만 스티븐슨이 증기 기관차가 다니는 철도로 바꾸어 놓았답니다. 스티븐슨은 자신이 만든 기관차 '로코모션호'에 손님을 싣고 철도 위를 2시간이나 달렸답니다.

　　이후, 철도는 세상을 변화시키기 시작했어요. 산업은 더욱 발전하게 되고 도시와 도시, 나라와 나라의 거리를 좁게 만들었으며, 국제 표준 시간을 정해 제각각이었던 세계의 시간에 기준을 마련했답니다. 철도 때문에 사람들의 생활도 많이 변했어요. 철도 여행을 즐기게 되었고, 시간에 따라 생활하는 습관을 갖게 되었답니다.

머리 풀어 주는 퍼즐

창의사고력 기초 다지기) 판단능력 쑥~

출발부터 끝까지 모든 칸을 한 번씩 거쳐서 나오려면 빈칸에 들어갈 화살표는 각각 무엇일까요?

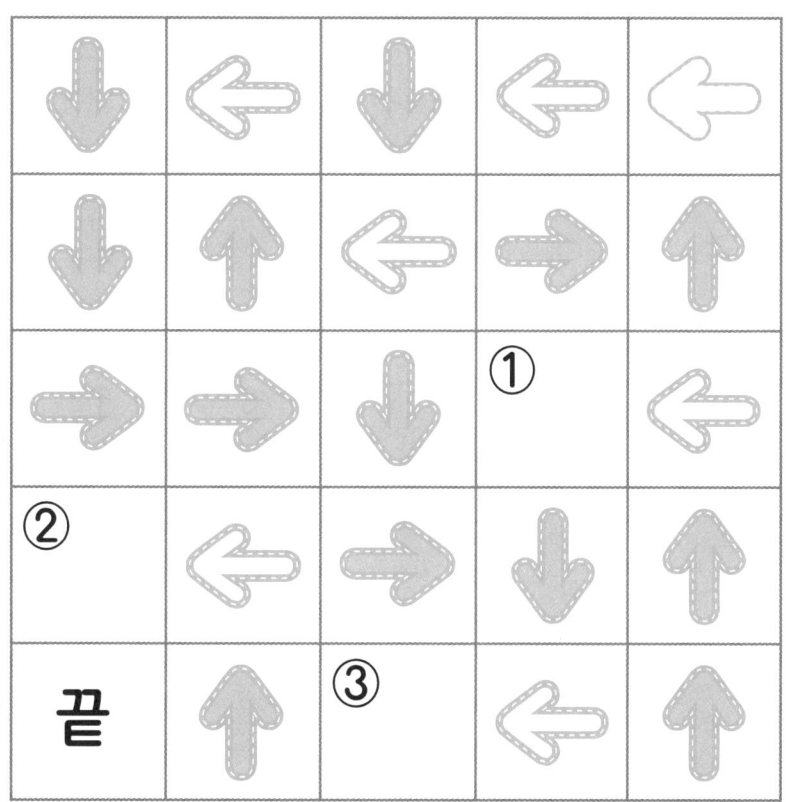

도전시간

| 7 분 | 20 초 |

걸린시간

| 분 | 초 |

● 오늘의 읽기 자료입니다. 잘 읽고 문제를 풀어 보세요.

음력 2월 1일, 머슴날

돌쇠는 오늘을 손꼽아 기다렸다. 박 대감 댁에서 술과 떡을 푸짐하게 내놓았다. 한 해 농사를 시작하기 전, 머슴들에게 열심히 농사를 지어 달라는 부탁을 하는 것이다. '낟가리대 쓰러뜨리기'를 하고, 그 속에 있는 곡식으로 만든 송편을 먹었다. 나이만큼 먹는다 하여 '나이떡'이라고 부르는데, 콩을 볶아서 만든 '콩범벅'도 함께 있었다. 올해 20살이 된 돌쇠는 박 대감에게 얼른 술잔을 올렸다. 이제 어른이 되었으니 어른 품삯을 달라는 뜻이었다. 박 대감은 껄껄 웃으며, '들돌들기'를 해 보라 했다. 돌쇠는 100근이나 되는 큰 돌을 번쩍 들어올렸다. 사람들은 장사라며 칭찬했고, 박 대감은 농사에 큰 도움이 되겠다며 좋아했다.

음력 7월 15일, 백중날

돌쇠는 '백중 새경'을 받을 생각에 마음이 뿌듯했다. 그동안 애썼다며 박 대감은 머슴들에게 '새 옷'과 '백중 새경'을 내주었다. '백중장' 구경을 막 나서는데, 더북 할범이 돌쇠를 불렀다. 올해 '호미씻이'를 돌쇠가 해야 한다는 거였다. '호미씻이'는 농사가 가장 잘된 집을 골라, 열심히 일한 머슴을 소에 태우고 마을을 도는 걸 말한다. 돌쇠는 얼굴에는 검정 칠을, 머리에는 삿갓을 쓰고는 누런 소 등에 올라탔다. 처음으로 어른 새경을 받고 '호미씻이'까지 하다니, 돌쇠는 정말 기뻤다. 박 대감 댁에서 술과 맛있는 음식을 내왔다. 특히 밀가루로 만든 '부꾸미'와 '감자떡'은 인기가 많았다. 풍물 소리를 앞세우고 돌쇠가 탄 황소가 마을을 돌기 시작했다. 가는 집마다 돌쇠를 칭찬하며 음식을 대접했다. 마을 사람들은 여름내 힘들었던 농사일을 잠시 잊고 흥겨운 잔치를 즐겼다.

①
핵심어 찾기

다음 어휘들 중에 위 글에 나온 어휘가 있으면 빈칸에 동그라미 하세요. 동그라미 한 어휘들이 위 글의 주제와 가장 관련이 높은 핵심어입니다.

문제 개수 **6** 개

맞은 개수 ◯ 개

틀린 개수 ◯ 개

| 호미씻이 | 머슴날 | 쥐불놀이 | 백중날 | 백중새경 | 나이떡 |
| | | | | | |

♥ 다음 보기 를 이용해서 ❷~❸번 문제를 풀어 보세요.

❷
글의 짜임
그리기

다음은 위 글의 내용을 한눈에 볼 수 있도록 정리한 표입니다. 가~라에 보기 의 ①~⑧을 알맞게 넣어 표를 완성해 보세요.

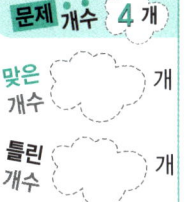

문제 개수 4 개

맞은
개수   개

틀린
개수   개

	머슴날	가
언제	나	음력 7월 15일
의미	한 해 농사를 잘 지어 달라고 머슴들에게 부탁하는 날	추수를 앞두고, 여름내 수고한 머슴들을 위한 날
풍습	낟가리대 쓰러뜨리기 들돌들기	다
음식	나이떡이라 불리는 송편, 콩을 볶아서 만든 콩범벅	밀가루로 만든 부꾸미 라

❸
요약
하기

다음은 위 글의 중심 내용을 요약한 것입니다. 가~라에 보기 의 ①~⑧을 알맞게 넣어 요약 글을 완성해 보세요.

문제 개수 4 개

맞은
개수   개

틀린
개수   개

　머슴날과 백중날은 머슴들을 위한 날이다. 머슴날은 음력 2월 1일로, 가   이다. 이 날은 낟가리대 쓰러뜨리기, 들돌들기를 하며, 나   과 콩을 볶아서 만든 콩범벅을 먹는다. 음력 7월 15일 백중날은 머슴들의 잔칫날이다. 추수를 앞두고 다   이기 때문이다. 이날에는 백중 새경과 새 옷을 받는데, 특히 라   마을을 다니는 호미씻이를 한다. 밀가루로 만든 부꾸미와 감자떡을 먹는다.

④ 제목 달기

문제 개수 **4** 개

맞은 개수 ◯ 개

틀린 개수 ◯ 개

다음은 위 글의 제목 후보입니다. 먼저, 위 글의 제목으로 가장 알맞은 것을 골라 빈칸에 ◯를 하세요. 그런 다음, 주어진 조건에 맞게 ×, △, □를 표시하세요. (단, ◯는 딱 한 개만 고르세요.)

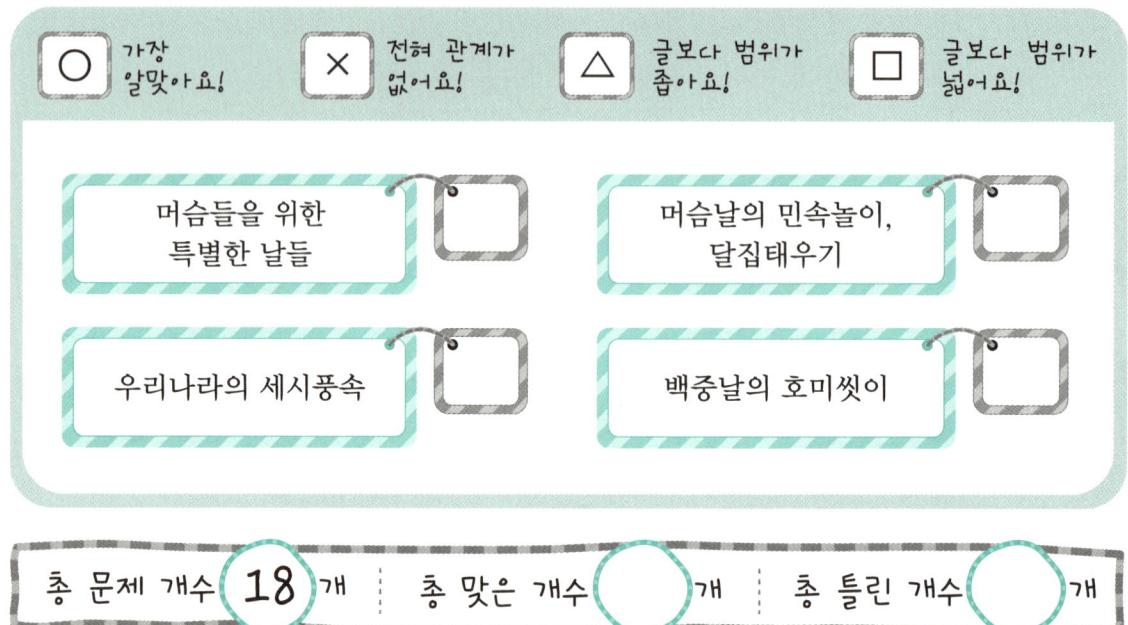

◯ 가장 알맞아요!　× 전혀 관계가 없어요!　△ 글보다 범위가 좁아요!　□ 글보다 범위가 넓어요!

- 머슴들을 위한 특별한 날들
- 머슴날의 민속놀이, 달집태우기
- 우리나라의 세시풍속
- 백중날의 호미씻이

총 문제 개수 **18** 개 ｜ 총 맞은 개수 ◯ 개 ｜ 총 틀린 개수 ◯ 개

글을 읽고 나서 오늘 공부를 신나게 시작하자고!

좋은 습관 다지는 **지하철 에티켓 10계명**

지하철 에티켓 10계명을 아시나요? 지하철 공사에서는 지하철에서 지켜야 할 기본예절 10가지를 선정하였답니다.

① 휴대 전화는 진동으로, 통화는 소곤소곤 간단히 ② 노약자석은 노약자에게, 일반인은 계단으로 ③ 음악도 조용히, 대화도 조용히 ④ 신문은 반으로, 다리는 바르게 ⑤ 애완동물은 출입금지 ⑥ 옆 칸으로 갈 때에 문 닫기 ⑦ 음료수도 음식도 출입 금지 ⑧ 내린 다음 타기 ⑨ 혼잡할 때에는 네 줄 서기 ⑩ 차내 의자에 눕기 No! 뛰는 어린이 Oh, No!

어때요? 혹시 여러분의 마음을 콕콕 찌르는 항목이 있나요? 지하철 에티켓 10계명을 이제 알았으니까 괜찮아요. 앞으로는 꼭 지켜 주세요.

19회 머리 풀어 주는 퍼즐

창의사고력 기초 다지기 정보처리능력 쑥~

아래 그림에는 규칙이 숨어 있습니다. 빈칸에 들어갈 그림은 1, 2 번 중
무엇일까요?

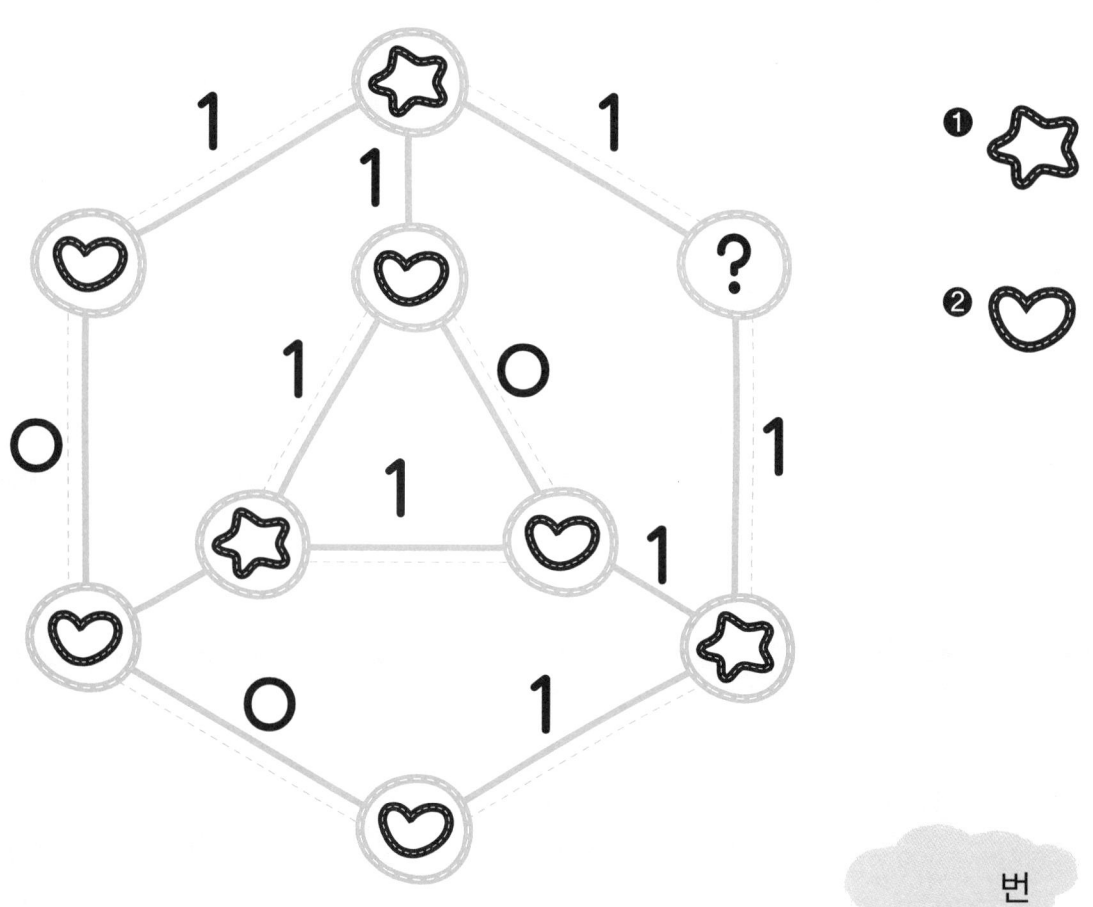

번

● 오늘의 읽기 자료입니다. 잘 읽고 문제를 풀어 보세요.

　　김치와 된장, 치즈와 요구르트.

　　이들의 공통점은? 건강에 좋은 발효 식품으로, 미생물이 만들었다는 점이랍니다. 음식 솜씨 좋은 미생물은 그 크기가 무척 작아서 눈으로는 볼 수가 없어요. 그 크기가 0.1mm보다도 작기 때문에 현미경을 통해서만 볼 수 있지요.

　　그럼, 그렇게 작은 미생물을 최초로 발견한 사람은 누구일까요? 안토니 반 레벤후크랍니다. 레벤후크는 네덜란드 사람으로 옷감과 단추를 파는 포목상이었어요. 늘 돋보기로 옷감의 실이 잘 짜였는지 살펴보았답니다. 그러다가 그는 직접 현미경을 만들기 시작했답니다.

　　레벤후크는 직접 납작하게 생긴 현미경을 만들었어요. 그리고는 제일 먼저 옷감을 들여다보았지요. 올챙이, 핏방울 등 다양한 것들도 관찰했어요. 그러던 어느 날, 연못 물을 관찰하던 그는 깜짝 놀랐어요. 물속에서 꼼지락거리고 있는 아주 작은 벌레들을 발견했거든요. 그가 발견한 벌레들이 바로 미생물이랍니다. 새로운 과학인 '미생물학'이 등장한 거예요.

　　레벤후크는 과학자들에게 편지를 썼어요. 눈에 보이지 않는 조그마한 생물을 발견했다고 말이에요. 그리고는 편지에 생김새까지 자세하게 그렸답니다. 하지만 과학자들은 그를 무시했어요. 그가 제대로 된 교육을 받지 않았다는 것이 그 이유였지요. 그는 무척 속이 상했어요. 사람들이 눈에 보이지 않는 작은 생물을 직접 볼 생각도 하지 않고, 현미경도, 그의 말도 무조건 거짓이라고 했으니까요. 그는 과학자들의 비아냥거림에도 아랑곳없이 새로운 미생물을 찾으면 세상 사람들에게 알렸어요. 오늘날 그는 미생물학의 아버지로 불린답니다.

①
핵심어
찾기

다음 어휘 중에 위 글에 나온 어휘가 있으면 빈칸에 동그라미 하세요. 동그라미 한 어휘들이 위 글의 주제와 가장 관련이 깊은 핵심어입니다.

문제 개수 **5** 개

맞은
개수 　 개

틀린
개수 　 개

김치와 된장	박테리아	레벤후크	현미경	미생물

86

♥ 다음 보기 를 이용해서 ❷~❸번 문제를 풀어 보세요.

❷ 글의 짜임 그리기

문제 개수 2 개

맞은 개수 　　개

틀린 개수 　　개

다음은 위 글의 내용을 한눈에 볼 수 있도록 정리한 표입니다. ㉮~㉯에 보기 의 ①~⑥을 알맞게 넣어 표를 완성해 보세요.

레벤후크는 네덜란드 사람으로, 옷감과 단추를 파는 포목상이었다. 그는 옷감이 잘 짜였는지 알아보기 위해 늘 돋보기로 옷감의 실을 들여다보았다.

어느 날 레벤후크는 납작하게 생긴 현미경을 만들어서, ㉮　　　　여러 가지를 관찰하기 시작했다.

당시 과학자들은 눈에 보이지 않는 조그마한 생물을 발견했다는 그의 말을 믿지 않았다. 하지만 오늘날 그는 미생물학의 아버지로 불리고 있다.

레벤후크는 연못 물에서 꼼지락거리고 있는 아주 작은 벌레들을 발견했는데, 그가 발견한 것이 바로 ㉯　　　　이다.

❸ 요약 하기

문제 개수 4 개

맞은 개수 　　개

틀린 개수 　　개

다음은 위 글의 중심 내용을 요약한 것입니다. ㉮~㉰에 보기 의 ①~⑥을 알맞게 넣어 요약 글을 완성해 보세요.

　　네덜란드 사람인 레벤후크는 포목상이었다. 그는 옷감 상태를 살펴보기 위해 ㉮　　　　 그는 납작하게 생긴 현미경을 만들어, 현미경으로 옷감, 올챙이, 핏방울 등을 관찰했다. 어느 날, 그는 현미경으로 연못 물에서 ㉯　　　　들을 발견했다. 그가 발견한 것이 바로 미생물이다. 당시 과학자들은 ㉱　　　　을 발견했다는 그의 말을 믿지 않았다. 하지만, 오늘날 그는 ㉰　　　　로 불리고 있다.

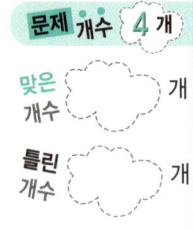

다음은 위 글의 제목 후보입니다. 먼저, 위 글의 제목으로 가장 알맞은 것을 골라 빈칸에 ○를 하세요. 그런 다음, 주어진 조건에 맞게 ×, △, □를 표시하세요. (단, ○는 딱 한 개만 고르세요.)

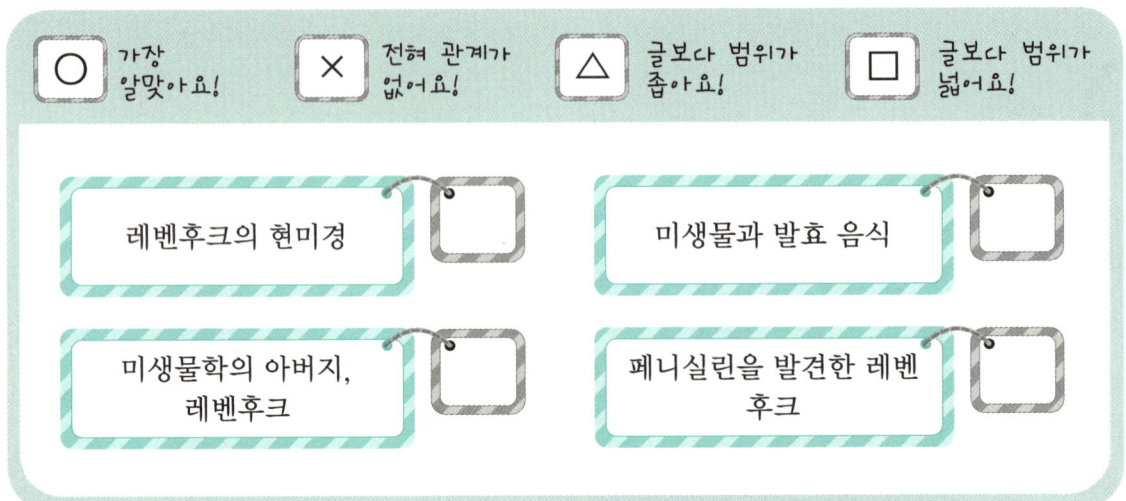

| ○ 가장 알맞아요! | × 전혀 관계가 없어요! | △ 글보다 범위가 좁아요! | □ 글보다 범위가 넓어요! |

레벤후크의 현미경 ⬜

미생물과 발효 음식 ⬜

미생물학의 아버지, 레벤후크 ⬜

페니실린을 발견한 레벤후크 ⬜

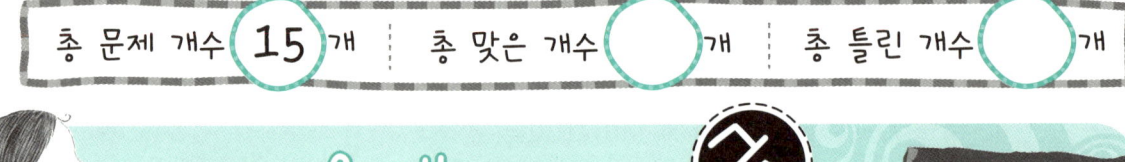

총 문제 개수 **15** 개 | 총 맞은 개수 ◯ 개 | 총 틀린 개수 ◯ 개

글을 읽고 나서 오늘 공부를 신나게 시작하자고!

마음에 힘이 되는 글

재래식 화장실의 장점

재래식 화장실에 가 본 적이 있나요? 지독한 냄새나 뻥 뚫린 구덩이 때문에 깜짝 놀라서 도망친 친구들도 있을 거예요.

수세식 화장실은 1596년 영국에서 처음 등장했어요. 그전의 영국과 프랑스의 거리는 똥과 오줌 천지였어요. 사람들은 요강에 오줌이나 똥을 누고는 창문 밖으로 확 쏟아부었어요. 재수가 없는 사람은 똥 벼락과 오줌 벼락을 맞기도 했지요. 똥 벼락을 안 맞으려고 양산이 생기고, 똥을 밟지 않으려고 하이힐이 생겼을 정도니까요.

하지만, 위생적이고 깨끗하다는 수세식 화장실이 사실은 해양 환경 오염의 커다란 원인이랍니다. 정화조에 모아진 똥을 바다에 버리거든요. 오히려 요즘에는 재래식 화장실을 친환경적이라며 높이 평가하고 있답니다. 수세식 화장실처럼 깨끗하고 편리한 것이 제일 좋은 것은 아니에요. 재래식 화장실처럼 냄새가 나고 불편한 것이 더 좋을 수도 있답니다. 늘 편한 것만 찾는 생활 습관을 조금만 고친다면, 지구 환경이 더욱 좋아질 거랍니다.

20회

머리 풀어 주는 퍼즐

창의사고력 기초 다지기 계산능력 쑥~

1, 2, 5, 6 숫자를 한 번씩만 써서 각 원 위의 4개의 숫자의 합이 14가
되도록 만들어 보세요.

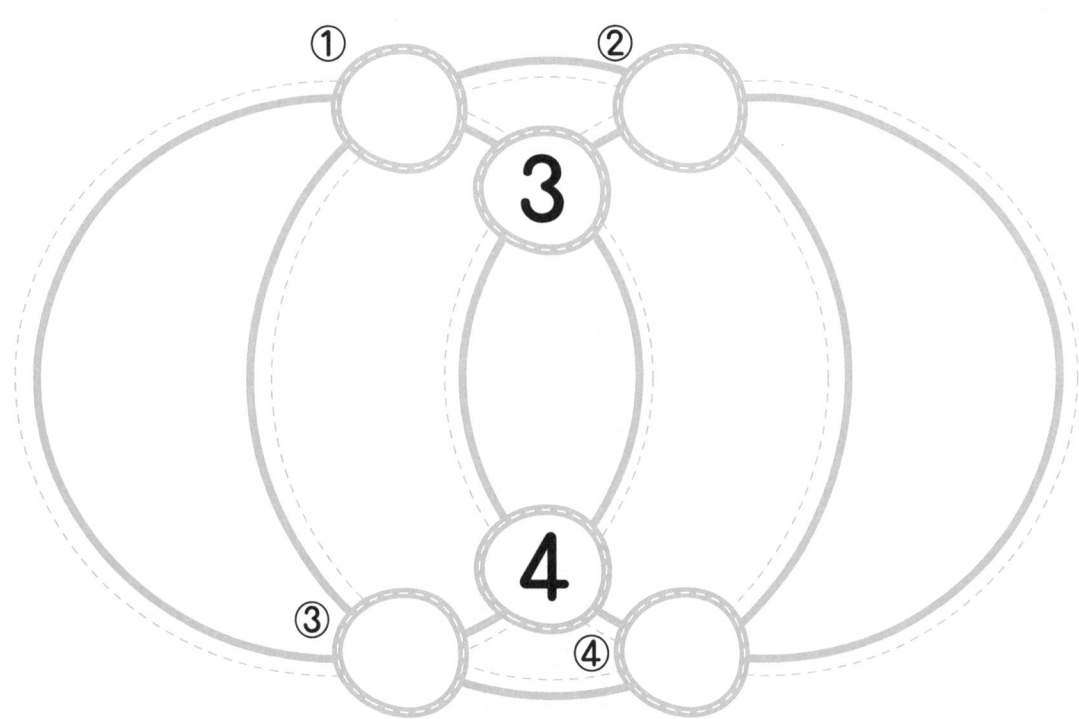

● 오늘의 읽기 자료입니다. 잘 읽고 문제를 풀어 보세요.

김 기자 : 박사님! '더러워야 건강하다!' 라고 주장하시는데, 정말입니까?

미 박사 : 그럼요! 우리 몸무게의 $\frac{1}{10}$은 미생물 무게예요. 미생물과 함께 살아가는 거지요.

김 기자 : 헉! 그럼, 우리 몸 구석구석에 온통 미생물이 득실거린다는 건가요?

미 박사 : 피부에 사는 세균으로 얼굴에는 프로피오니 박테리아, 겨드랑이 털에는 코리네 박테리아, 발가락에는 미크로코쿠스, 콧속에는 포도상 구균이 있어요. 피부 바로 밑에는 옴진드기, 머리카락에는 머릿니, 속눈썹 밑에는 속눈썹 진드기가 살지요.

김 기자 : 우웩! 그렇게나 많이요?

미 박사 : 몸 안은 더해요. 입 속은 세균의 천국이에요. 치아에만도 300종류의 세균이 살고 있으니까요. 혓바닥에 산화질소, 침에 라이소자임, 치아에는 박테리아가 있지요. 위에도 헬리코박터 파이로리가 있구요. 큰 창자에는 대장균이 떡하니 자리 잡고 있지요.

김 기자 : 박사님! 속이 부글거리는 게, 아무래도 미생물 때문에 탈이 났나 봐요.

미 박사 : 에고! 엄살 피우지 마세요. 미생물은 나쁜 일보다 착한 일을 더 많이 하니까요. 사람의 몸에서 떨어지는 부스러기 세포들을 먹고살면서, 우리가 먹는 음식물을 소화시켜 주고, 나쁜 병원균을 막아 내기도 하거든요.

김 기자 : 아하! '더러워야 건강하다' 는 말은 우리 몸에 이로움을 주는 착한 미생물까지 씻으면 안 된다는 말씀이군요. 저도 이제부터 적당히 씻어야겠어요.

미 박사 : 이미 실천하시는 것 같은데요. 몸에서 냄새가 솔솔 나는걸요.

---

①
핵심어
찾기

다음은 위 글과 관련된 어휘들입니다. 가장 넓은 뜻을 지닌 어휘를 찾아 ✔ 해 보세요. 표시한 어휘가 위 글의 주제와 가장 관련이 깊은 핵심어입니다.

문제 개수 **1** 개

맞은 ◯ 개
개수

틀린 ◯ 개
개수

☐ 헬리코박터 파이로리   ☐ 머릿니   ☐ 미생물   ☐ 프로피오니박테리아

♥ 다음 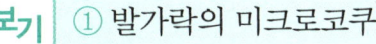 를 이용해서 ❷~❸번 문제를 풀어 보세요.

다음은 위 글의 내용을 한눈에 볼 수 있도록 정리한 표입니다. ㉮~㉲에 보기의 ①~⑩을 알맞게 넣어 표를 완성해 보세요.

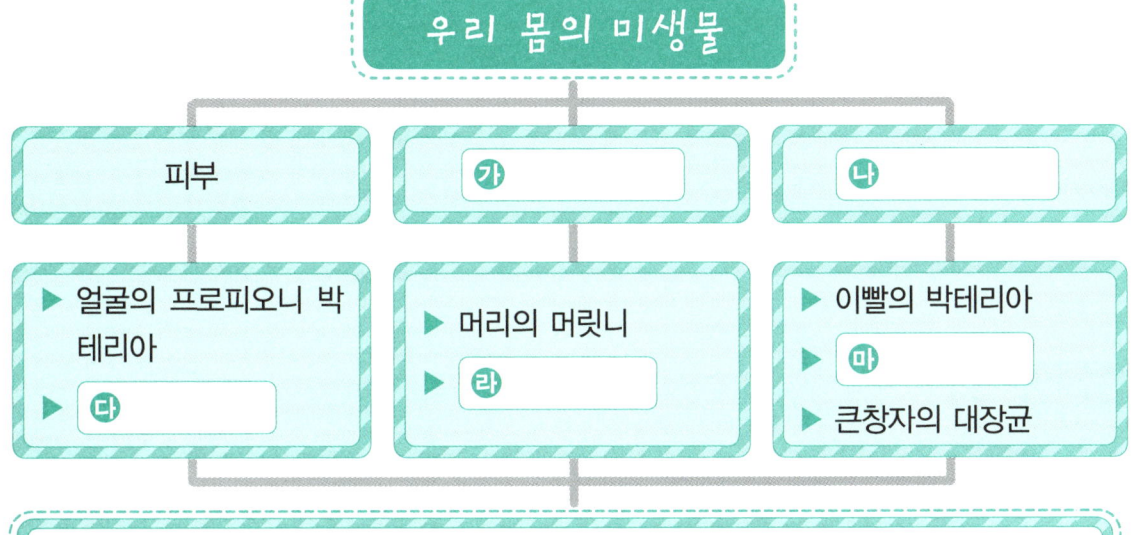

우리 몸의 미생물

| 피부 | ㉮ | ㉯ |

▶ 얼굴의 프로피오니 박테리아
▶ ㉳

▶ 머리의 머릿니
▶ ㉴

▶ 이빨의 박테리아
▶ ㉵
▶ 큰창자의 대장균

미생물은 우리 몸에서 음식물을 소화시켜 주고, 나쁜 병원균을 막아내는 등 착한 일을 더 많이 한다.

다음은 위 글의 중심 내용을 요약한 것입니다. ㉮~㉲에 보기의 ①~⑩을 알맞게 넣어 요약 글을 완성해 보세요.

　　우리 몸은 온통 미생물로 가득하다. 우리 몸무게의 $\frac{1}{10}$이 ㉮ 　　　 이다. ㉯ 　　　 에도 미생물이 있다. 얼굴에는 프로피오니 박테리아, 발가락의 미크로코쿠스가 있고, ㉳ 　　　 , 속눈썹의 속눈썹 진드기가 있다. 입과 내장기관에도 수많은 미생물이 있다. 치아에만도 300종류의 박테리아가 있고, 위의 헬리코박터 파이로리, ㉴ 　　　 이 대표적이다. 이러한 미생물은 우리 몸에서 음식물을 소화시켜 주고, ㉵ 　　　 착한 일을 더 많이 한다.

④ 제목 달기

문제 개수 **1** 개

맞은 개수 ◯ 개

틀린 개수 ◯ 개

다음은 위 글에 가장 어울리는 제목을 지어 보는 과정입니다. 보기 에 주어진 단어를 이용해서 제목을 달아 보세요.

보기

지켜 주는	몸을	미생물	우리

총 문제 개수 **12** 개 │ 총 맞은 개수 ◯ 개 │ 총 틀린 개수 ◯ 개

상식 쑥쑥 키우는 **72** 안창남과 엄복동

글을 읽고 나서 오늘 공부를 신나게 시작하자고!

'떴다 보아라 안창남 비행기, 내려다보니 엄복동의 자전거'

옛날, 우리나라가 일본의 지배를 받던 일제 강점기에 유행했던 노래랍니다. 안창남은 우리나라 최초의 비행사이고, 엄복동은 자전거 영웅으로 유명했답니다.

엄복동은 평택의 한 자전거 가게에서 일하면서 자연스럽게 자전거를 타게 되었습니다. 서울과 평택을 자전거로 오가며 장사를 하기도 했답니다. 1913년 '전 조선 자전차 경기 대회'에 참가한 엄복동은 첫 출전에서 우승하였습니다. 특히, 일본인 자전거 상인과 친일파 자전거 상인들이 개최한 대회에서 일본인을 제치고 우승해서 관중들의 기쁨은 더욱 컸답니다. 이후, 엄복동은 유명한 자전거 경주에서 우승을 차지했고, 민족에게 커다란 자신감을 심어 주었답니다.

머리 풀어 주는 퍼즐

창의사고력 기초 다지기 주의집중력 쑥~

?에 올 그림은 무엇일까요?

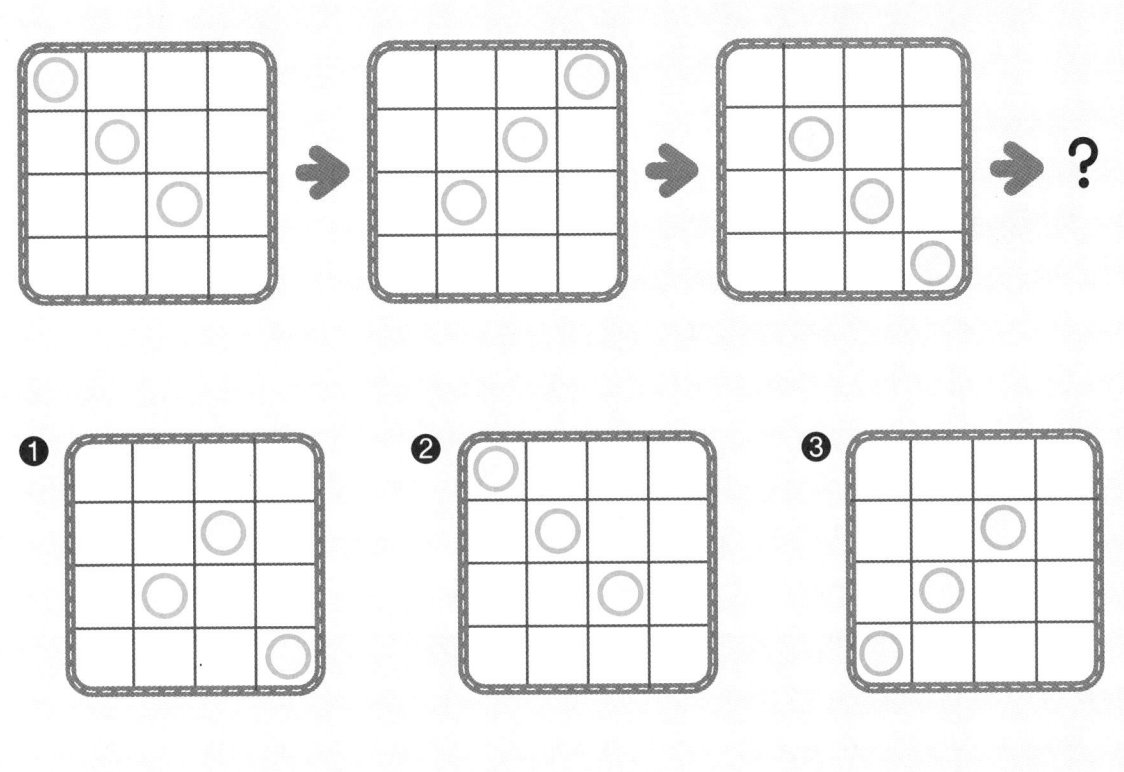

번

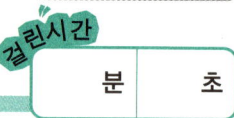

● 오늘의 읽기 자료입니다. 잘 읽고 문제를 풀어 보세요.

　　인간의 무차별 공격을 받던 박테리아가 드디어 반격에 나섰다. 그것도 '슈퍼 박테리아'라는 강력한 최첨단 무기를 들고 말이다.

　　1928년 알렉산더 플레밍에 의해 푸른곰팡이가 발견된 이후, '기적의 약'으로 불리는 페니실린이 개발되었다. 페니실린은 병을 일으키는 세균을 죽이는 항생제이다. 인간들은 이 '기적의 약' 덕분에 모든 세균을 이겨낼 수 있다고 믿었다. 하지만 착각이었음이 곧 드러났다.

　　페니실린을 이겨내는 세균이 등장했고, 더 강한 항생제를 개발해야 했다. 항생제가 강력해질수록 세균들도 더 강해졌다. 결국엔 어떤 항생제도 듣지 않는 강력한 힘을 지닌 '슈퍼 박테리아'가 등장했다. 항생제의 오·남용에 따른 내성이 '슈퍼 박테리아'를 탄생시킨 것이다.

　　전문가들은 항생제의 오·남용을 줄여야만 '슈퍼 박테리아'의 위협에서 벗어날 수 있다고 주장하고 있다. 항생제는 세균에 대항하는 약이므로, 바이러스에 의한 감기인 경우엔 굳이 항생제를 먹을 필요가 없다.

　　중이염처럼 세균의 감염으로 일어난 병에는 항생제를 먹어야 하는데, 이때 임의로 항생제 사용을 중단해서는 안 된다. 항생제는 일주일간 꾸준히 먹어야 효과가 있고, 2~3일 먹다 중단하면 오히려 세균이 내성을 갖기 때문이다.

　　마지막으로 항생제가 들어간 사료 사용을 중지해야 한다. 항생제가 들어간 사료를 먹은 닭과 돼지·소가 음식으로 식탁 위에 오르면, 사람들도 항생제를 먹는 꼴이 되기 때문이다. 슈퍼 박테리아를 이겨낼 수 있을지는 바로 우리 인간에게 달렸다.

❶ 핵심어 찾기

다음 어휘 중에 위 글에 나온 어휘가 있으면 빈칸에 동그라미 하세요. 동그라미 한 어휘들이 위 글의 주제와 가장 관련이 깊은 핵심어입니다.

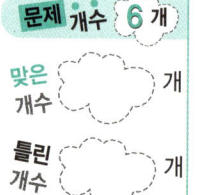

문제 개수 **6** 개

맞은 개수 ◌ 개

틀린 개수 ◌ 개

플레밍	내성	오·남용	면역	슈퍼 박테리아	항생제

♥ 다음 보기를 이용해서 ❷~❸번 문제를 풀어 보세요.

보기
① 기적의 약
② 알렉산더 플레밍
③ 세균들도 더 강력해졌다.
④ 페니실린
⑤ 항생제의 오·남용을 줄이고
⑥ 슈퍼 박테리아

❷
글의 짜임
그리기

다음은 위 글의 내용을 한눈에 볼 수 있도록 정리한 표입니다. **가**~**다**에 보기의 ①~⑥을 알맞게 넣어 표를 완성해 보세요.

문제 개수 **3** 개

맞은 개수 ⬜ 개

틀린 개수 ⬜ 개

1928년 **가** [　　　] 이 푸른곰팡이를 발견한 이후, '기적의 약'으로 불리는 항생제인 페니실린이 개발되었다.

이후 **나** [　　　] 을 이겨내는 세균이 등장했고, 더 강한 항생제를 개발했다. 항생제가 강력해질수록 세균들도 더 강해졌다.

슈퍼 박테리아의 위협에서 벗어나려면, 항생제의 오남용을 줄이고, 의사의 처방에 맞게 항생제를 먹어야 하며, 가축의 항생제 사용을 줄여나가야 한다.

결국 항생제의 오·남용에 따른 내성으로 인해, 어떤 항생제도 듣지 않는 강력한 힘을 지닌 **다** [　　　] 가 등장했다.

❸
요약
하기

다음은 위 글의 중심 내용을 요약한 것입니다. **가**~**다**에 보기의 ①~⑥을 알맞게 넣어 요약 글을 완성해 보세요.

문제 개수 **3** 개

맞은 개수 ⬜ 개

틀린 개수 ⬜ 개

　1928년 알렉산더 플레밍이 푸른곰팡이를 발견한 이후, '**가** [　　　]'으로 불리는 항생제인 페니실린이 개발되었다. 그러나 페니실린을 이겨내는 세균이 등장했고, 더 강한 항생제를 개발해야 했다. 항생제가 강력해질수록 **나** [　　　] 결국 항생제의 오·남용에 따른 내성으로 인해, 어떤 항생제도 듣지 않는 강력한 힘을 지닌 슈퍼 박테리아가 등장했다.
　슈퍼 박테리아의 위협에서 벗어나기 위해서는 **다** [　　　], 의사의 처방에 따라 항생제를 먹어야 하며, 가축의 항생제 사용을 줄여 나가야 한다.

다음은 위 글의 제목 후보입니다. 먼저, 위 글의 제목으로 가장 알맞은 것을 골라 빈칸에 ○를 하세요. 그런 다음, 주어진 조건에 맞게 ×, △, □를 표시하세요. (단, ○는 딱 한 개만 고르세요.)

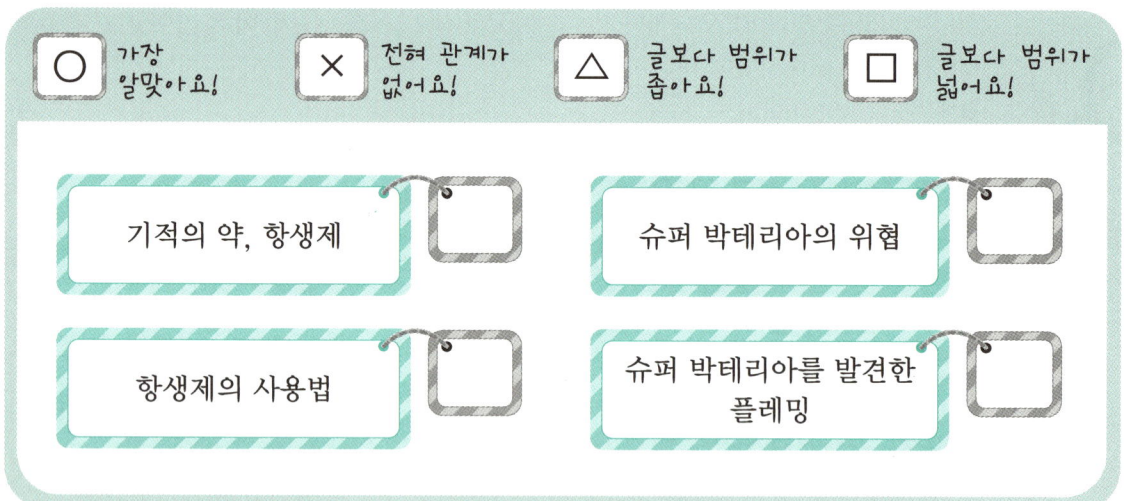

| ○ 가장 알맞아요! | × 전혀 관계가 없어요! | △ 글보다 범위가 좁아요! | □ 글보다 범위가 넓어요! |

기적의 약, 항생제 ☐

슈퍼 박테리아의 위협 ☐

항생제의 사용법 ☐

슈퍼 박테리아를 발견한 플레밍 ☐

총 문제 개수 **16** 개 | 총 맞은 개수 ◯ 개 | 총 틀린 개수 ◯ 개

글을 읽고 나서 오늘 공부를 신나게 시작하자고!

좋은 습관 다지는

72

용돈을 관리하는 법

여러분은 한 달 용돈이 얼마인가요? 어떤 친구는 한 달에 만 원을, 어떤 친구는 일주일에 오천 원을 받을 거예요. 그런데 얼마를 받는가보다 어떻게 쓰는지가 더 중요하답니다.

용돈을 잘 쓰기 위해서는 계획을 세워야 해요. 우선 커다란 병 네 개를 준비하세요. 굳이 병이 아니어도 괜찮답니다. 그냥 돈을 모을 수 있기만 하면 된답니다.

준비한 빈 병에 '소비', '저축', '투자', '기부'라고 써넣으세요. 그럼 지금부터 각각의 병에 돈을 얼마 넣을지 정해야 해요. 만약, 한 달에 만 원을 받는다면 '4천원, 2천원, 2천원, 2천원'을 넣으세요. 딱 얼마라고 정해진 규칙은 없어요.

하지만 '투자' 병과 '기부' 병에도 꼭 돈을 넣어 두어야 한답니다. 투자와 기부도 지출의 한 종류이기 때문이에요. 지금부터 투자와 기부를 하는 습관을 들여야, 나중에 커서도 자연스럽게 투자와 기부를 할 테니까요. 투자와 기부도 계획을 세워서 하는 지출이라는 것을 잊지 마세

머리 풀어 주는 퍼즐

창의사고력 기초 다지기 연상추리력 쑥~

종이 주사위를 펼친 모습입니다. 다음 중 주사위가 될 수 없는 것을 찾아 보세요.

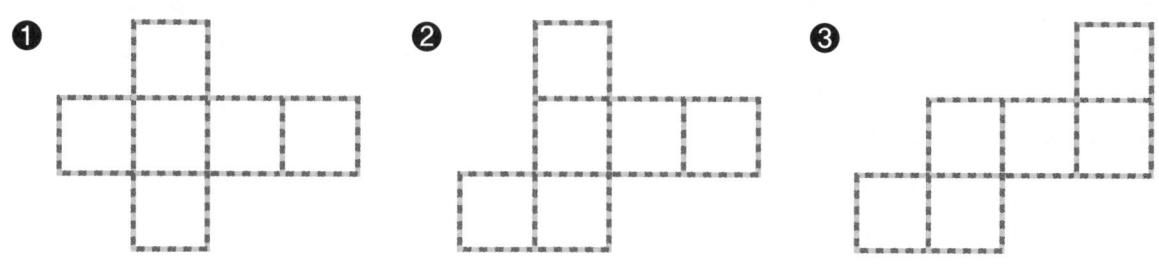

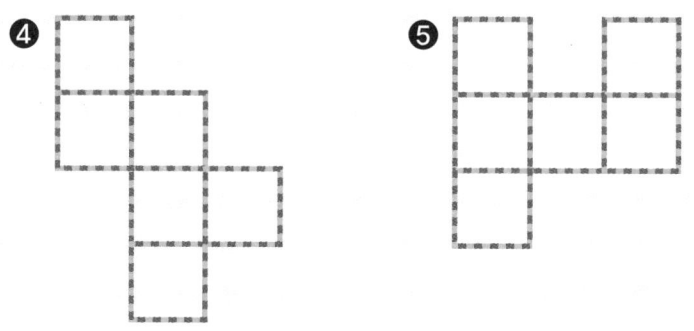

번

● 오늘의 읽기 자료입니다. 잘 읽고 문제를 풀어 보세요.

'관혼상제' 는 누구나 태어나면 거쳐야 하는 피할 수 없는 의례입니다. 관례는 성년식을, 혼례는 결혼식을, 상례는 장례식을, 그리고 제례는 조상을 기리는 예의를 말합니다.

전통적인 관례는 양반을 중심으로 이루어졌는데, 그 절차는 남자와 여자가 달랐습니다. 남자와 여자 모두 15~20살쯤 관례를 했습니다. 남자는 관례라 하였는데, 빈객이라는 귀한 손님을 초대했지요. 빈객은 소년을 어른의 길로 안내해 주는 부모와 같은 역할을 맡게 됩니다. 관례가 시작되면 빈객은 소년의 머리를 빗겨 상투를 올리고 관을 씌웠습니다. 그리고 어릴 적 이름인 '아명' 을 대신할 '자' 라는 새로운 이름을 지어 줍니다. 소년은 빈객이 주는 술을 마신 뒤, 마을 어른들에게 인사를 하러 다녔답니다.

여자의 관례는 계례라고 불렀습니다. 여자도 마찬가지로 길게 땋고 다니던 머리를 올려 어른이 되었음을 알립니다. 남자와 마찬가지로 계례에도 빈객이 초대되는데, '자' 라는 새로운 이름을 지어 줍니다. 대부분 혼인을 정한 뒤 계례를 했기 때문에, 계례는 혼례 속으로 스며들어 계속 이어졌답니다.

관례가 사라지게 된 가장 큰 이유는 일제 강점기에 내려진 단발령 때문입니다. 올릴 머리가 없으니 관례도 자연스럽게 사라지게 되었답니다. 오늘날 혼례·상례·제례의 전통은 계속 이어지고 있습니다. 그러나 관례만은 역사 속으로 사라지고 말았습니다. 사회에서 성인으로 인정을 받는 중요한 의미가 있는 의례임에도 불구하고 말이에요. 어른으로서 필요한 마음가짐과 덕목을 생각해 볼 수 있도록 관례를 되살려야 할 것입니다.

❶ 핵심어 찾기

다음은 위 글과 관련된 어휘들입니다. 가장 넓은 뜻을 지닌 어휘를 찾아 ✔ 해 보세요. 표시한 어휘가 위 글의 주제와 가장 관련이 깊은 핵심어입니다.

문제 개수 1 개

맞은 개수 ◯ 개

틀린 개수 ◯ 개

☐ 어른의 길　　☐ 빈객　　☐ 관례　　☐ 계례

💚 다음 보기를 이용해서 ❷~❸번 문제를 풀어 보세요.

❷
글의 짜임
그리기

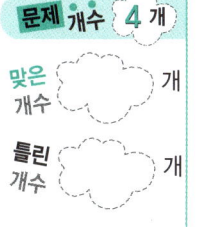

문제 개수 4 개

맞은 개수 ⬚ 개

틀린 개수 ⬚ 개

다음은 위 글의 내용을 한눈에 볼 수 있도록 정리한 표입니다. ㉮~㉰에 보기의 ①~⑧을 알맞게 넣어 표를 완성해 보세요.

	관례
뜻	관혼상제 중의 하나로, ㉮⬚ 을 의미한다.
시기	㉯⬚
남녀의 구분	남자는 상투를 올리고 관을 씌웠는데, 관례라고 불렀다. 여자는 머리를 올려 비녀를 꼽았는데, ㉱⬚ 라고 불렀다.
사라진 이유	일제 강점기에 내려진 단발령 때문이다. 올릴 머리가 없으니 자연스럽게 관례도 사라지게 되었다.
관례의 필요성	관례를 되살려야 한다. 왜냐하면, ㉲⬚ 을 생각해 볼 수 있는 의례이기 때문이다.

❸
요약
하기

문제 개수 4 개

맞은 개수 ⬚ 개

틀린 개수 ⬚ 개

다음은 위 글의 중심 내용을 요약한 것입니다. ㉮~㉲에 보기의 ①~⑧을 알맞게 넣어 요약 글을 완성해 보세요.

　관례는 관혼상제 중의 하나의 의례로, 전통적인 성인식을 의미한다. 남녀 모두 15~20살쯤 관례를 했다. 남자의 경우 관례라 부르며, ㉮⬚ 을 씌웠다. 여자의 경우 계례라고 부르며, ㉯⬚ 를 꼽았다. 관례가 사라진 이유는, ㉱⬚ 때문이다. 올릴 머리가 없으니 자연스럽게 관례도 사라지게 된 것이다. 관례는 어른으로서 필요한 마음가짐과 덕목을 생각해 볼 수 있는 중요한 의례이다. 따라서 ㉲⬚ 에도 관례는 필요하다.

다음은 위 글에 가장 어울리는 제목을 지어 보는 과정입니다. 보기 에 주어진 단어를 이용해서 제목을 달아 보세요.

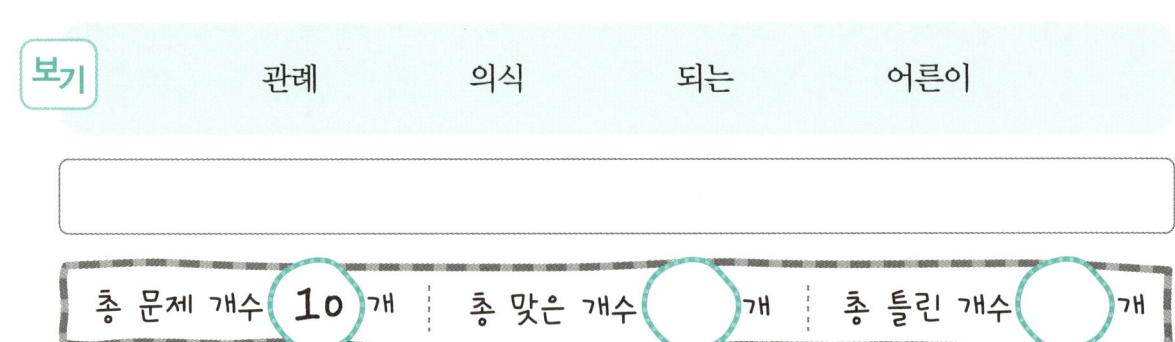

보기   관례   의식   되는   어른이

총 문제 개수 ⑩ 개 | 총 맞은 개수 ◯ 개 | 총 틀린 개수 ◯ 개

글을 읽고 나서 오늘 공부를 신나게 시작하자고!

마음에 힘이 되는 글

상대의 실수를 용서하기

친구가 실수나 잘못을 저지르면 여러분은 어떻게 하나요? 어떤 친구는 마구 화를 내면서 똑같이 복수하겠다고 다짐하기도 하고, 또 다른 친구는 실수니까 괜찮다며 친구를 이해해 주기도 해요.

그럼, 어떤 친구가 더 마음이 편할까요? 바로 실수를 인정해 주는 친구가 더 마음이 편하답니다. 왜냐하면 상대방에 대한 원망과 미움을 지니면 마음이 편치 않기 때문이에요. 생각해 보세요. 다른 사람을 미워하려면 그 사람에 관한 나쁜 생각만을 해야 하잖아요. 나쁜 생각은 마음을 편치 않게 만든답니다.

때로는 상대방의 실수도 너그럽게 용서해 주는 마음이 필요해요. 용서를 하고 나면 마음이 편해지고 행복해진답니다. 나도 상대방과 같은 똑같은 실수를 언제든 저지를 수 있다는 점을 생각한다면 용서가 더욱 쉬워질 거예요.

23회

도전 시간	걸린 시간
00 분 30 초	분 초

창의사고력 기초 다지기 판단능력 쑥~

다음 중 **?** 에 올 그림은 무엇일까요?

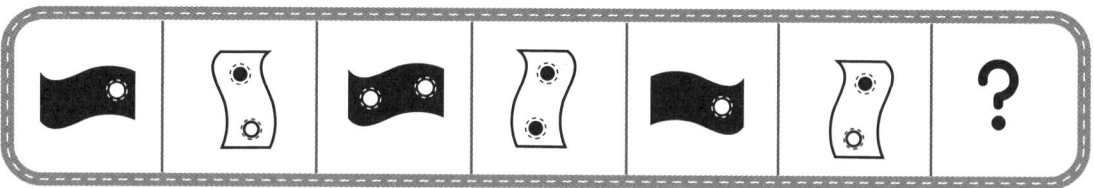

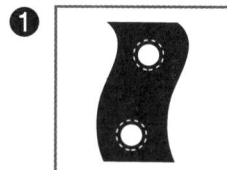

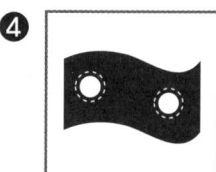

번

도전시간

| 8 분 | 00 초 |

걸린시간

| 분 | 초 |

● 오늘의 읽기 자료입니다. 잘 읽고 문제를 풀어 보세요.

'번지 점프'를 본 적 있나요?

발목에 묶은 줄 하나에 의지한 채 높은 장대에서 뛰어내리는 번지 점프는 지켜보는 사람도 땀이 날 만큼 스릴 만점인 놀이입니다. 그런데, 번지 점프는 사실 남태평양 펜타코스트 섬의 성년식이었답니다. 섬의 소년들은 용기를 증명해야 어른이 될 수 있었어요. 그래서 발목에 칡넝쿨을 묶고는 30m 높이의 탑에서 뛰어내려야 했지요. 이때, 머뭇거리거나 소리를 질러도 안 되었대요. 정말 죽음을 각오해야만 하는 성인식이었지요.

두려움을 이겨내야만 어른으로 인정을 받는 소년들이 또 있어요. 바로 아프리카의 하마스 족의 소년들이랍니다. 발가벗은 몸으로 소의 등을 네 번이나 뛰어넘어야 했거든요. 무사히 통과하면 어른이 될 수 있지만, 만약 소 등에서 떨어지면 여자들에게 사정없이 채찍질을 당해야 했어요. 게다가 평생 '우클리'라고 불리며 놀림을 받았답니다. 우클리는 당나귀라는 뜻이에요.

미얀마에서는 스님이 되어야만 어른이 될 수 있어요. 집 앞 공터에 궁궐을 닮은 화려한 집을 짓습니다. 소년들은 왕자 옷을, 소녀들은 공주 옷을 입고 화려한 집에 앉아, 어른이 되는 것을 축하하는 노래를 들어요. 노래가 끝나면 아이들은 머리를 깎아야 해요. 2주 동안 절에서 생활해야 하거든요. 이들은 아침마다 진짜 스님들처럼 거리를 다니며 쌀을 구하는 탁발 공양을 해요. 이렇게 짧은 승려 생활을 마치고 나야 성인으로 인정을 받는답니다.

용기를 증명하는 펜타코스트 섬의 소년과 두려움을 이겨내는 하마스족의 소년 그리고 짧은 승려 생활을 하는 미얀마의 아이들. 성인식의 모습은 다르지만, 사회에서 어른으로 인정받기 위한 통과의례라는 공통점이 있답니다.

①
핵심어
찾기

다음 어휘들 중에 위 글에 나온 어휘가 있으면 빈칸에 동그라미 하세요. 동그라미 한 어휘들이 위 글의 주제와 가장 관련이 높은 핵심어입니다.

문제 개수 **7** 개

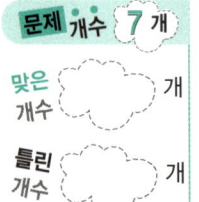

맞은
개수 ⬭ 개

틀린
개수 ⬭ 개

우클리	혼례식	하마스 족	탁발 공양	성년식	통과의례	번지 점프

♥ 다음 보기를 이용해서 ❷~❸번 문제를 풀어 보세요.

보기
① 어른으로 인정받는 통과의례   ② 펜타코스트 섬
③ 하마스 족   ④ 발목에 칡넝쿨을 묶고 30m 높이의 탑에서
⑤ '우클리(당나귀)'라고 놀림   ⑥ 2주 동안
⑦ 탁발 공양 등 승려 생활   ⑧ 두려움을 이겨내는 성년식

❷
글의 짜임
그리기

문제 개수 4 개

맞은
개수   개

틀린
개수   개

다음은 위 글의 내용을 한눈에 볼 수 있도록 정리한 표입니다. 가~라에 보기의 ①~⑧을 알맞게 넣어 표를 완성해 보세요.

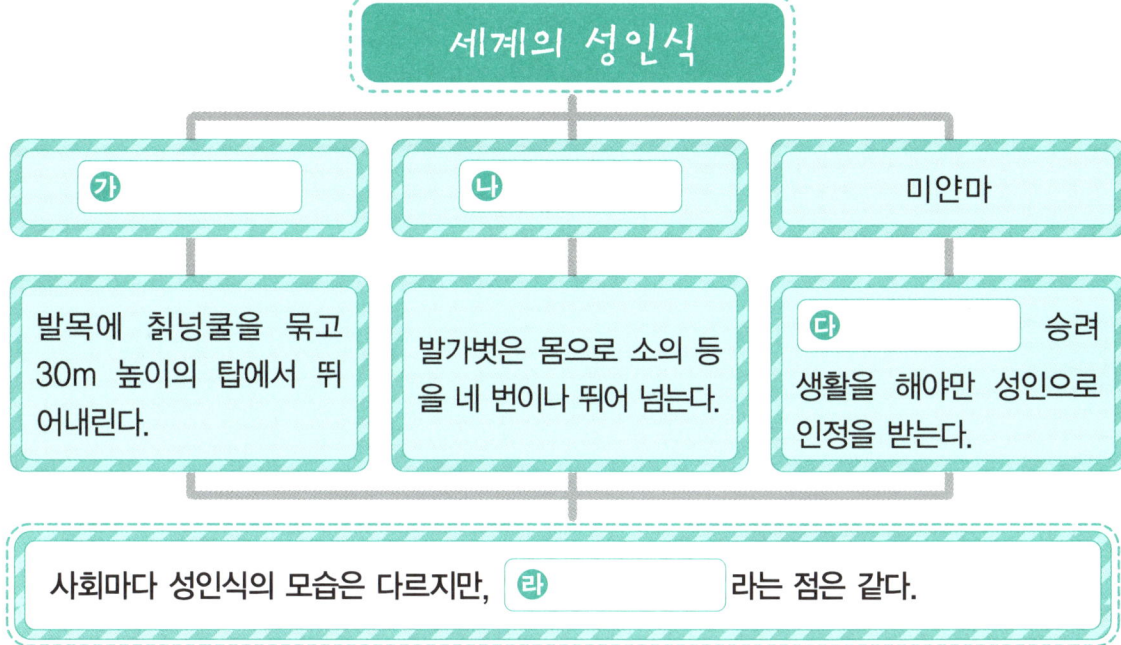

세계의 성인식

가	나	미얀마
발목에 칡넝쿨을 묶고 30m 높이의 탑에서 뛰어내린다.	발가벗은 몸으로 소의 등을 네 번이나 뛰어 넘는다.	다 　 승려 생활을 해야만 성인으로 인정을 받는다.

사회마다 성인식의 모습은 다르지만, 라 　 라는 점은 같다.

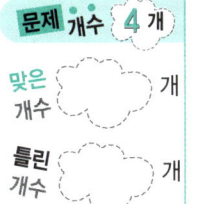

❸
요약
하기

문제 개수 4 개

맞은
개수   개

틀린
개수   개

다음은 위 글의 중심 내용을 요약한 것입니다. 가~라에 보기의 ①~⑧을 알맞게 넣어 요약 글을 완성해 보세요.

　 각 사회마다 독특한 풍습의 성년식이 있다. 펜타코스트 섬의 소년들은 가 　 뛰어내린다. 용기를 증명하여 성인이 되었음을 인정받는 것이다. 아프리카 하마스의 소년들도 나 　 을 한다. 발가벗은 몸으로 소의 등을 네 번이나 뛰어넘는다. 만약, 실패하면 다 　 을 받는다. 미얀마의 청소년들은 2주 동안 라 　 을 경험한 뒤에야 성인으로 인정받는다. 비록, 성년식의 모습은 다르지만 사회에서 어른으로 인정을 받는 통과의례라는 점은 모두 같다.

다음은 위 글의 제목 후보입니다. 먼저, 위 글의 제목으로 가장 알맞은 것을 골라 빈칸에 ○를 하세요. 그런 다음, 주어진 조건에 맞게 ×, △, □를 표시하세요. (단, ○는 딱 한 개만 고르세요.)

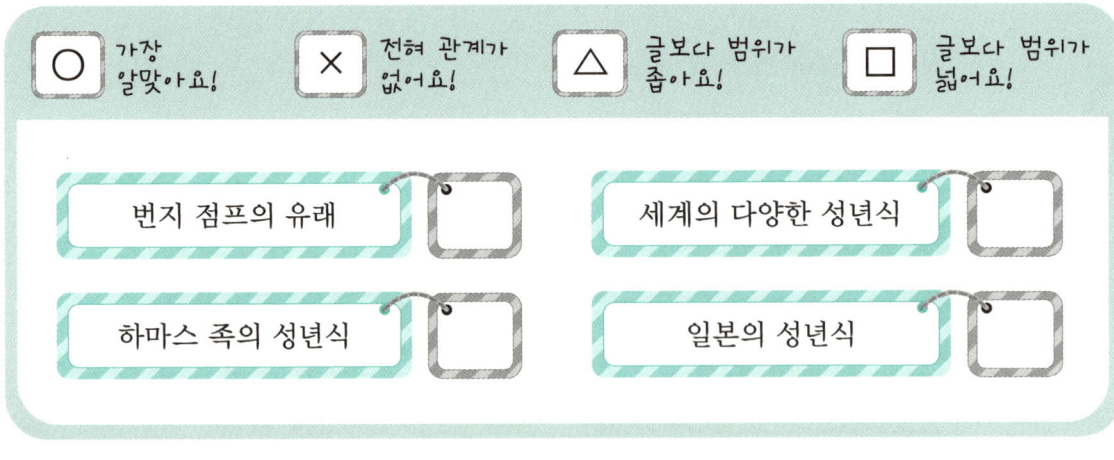

○ 가장 알맞아요!　　× 전혀 관계가 없어요!　　△ 글보다 범위가 좁아요!　　□ 글보다 범위가 넓어요!

| 번지 점프의 유래 | □ | 세계의 다양한 성년식 | □ |
| 하마스 족의 성년식 | □ | 일본의 성년식 | □ |

총 문제 개수 (19) 개　　총 맞은 개수 ( ) 개　　총 틀린 개수 ( ) 개

글을 읽고 나서 오늘 공부를 신나게 시작하자고!

상식 쑥쑥 키우는

72

자전거 경매장의 소년

　　자전거 경매장 맨 앞, 한 소년이 5달러짜리 지폐를 꼭 쥔 채 앉아 있었어요. 경매가 시작되자, 소년이 제일 먼저 '5달러' 라고 외쳤어요. 그러나 곧 '10달러', '20달러' 라는 소리가 들렸고, 자전거는 다른 사람에게 팔렸답니다. 이어지는 경매에서도 마찬가지였어요.

　　보다 못한 경매사가 5달러로는 자전거를 살 수 없다며 20 또는 30달러를 부르라고 귀띔을 해 주었답니다. 소년은 동생에게 꼭 자전거를 사 주겠다고 약속했는데 가진 돈이 5달러뿐이라며 실망스런 표정을 지었어요. 그리고는 계속 5달러를 외쳤답니다.

　　드디어 마지막 경매가 시작되었어요. 이번에도 소년은 제일 먼저 '5달러' 라고 외쳤어요. 그러자 갑자기 경매장 안이 조용해지더니, 아무도 더 높은 가격을 부르지 않는 거예요. 경매사가 '5, 4, 3, 2, 1' 을 외치자, 사람들이 박수를 치기 시작했어요.

　　소년의 동생은 랜드 암스트롱으로, 훗날 세계적인 자전거 대회인 '투르 드 프랑스' 에서 일곱번이나 우승을 했답니다.

머리 풀어 주는

창의사고력 기초 다지기 정보처리능력 쑥~

보기 를 참고하여 다음 식의 답을 써 보세요.

보기

$$\heartsuit + \square = V$$
$$\triangle + \heartsuit = E$$
$$\bigcirc + \square = O$$
$$\triangle + \square = L$$

$$\triangle \square \square \heartsuit$$
$$+ \square \bigcirc \heartsuit \triangle$$
$$\overline{}$$
$$?$$

● 오늘의 읽기 자료입니다. 잘 읽고 문제를 풀어 보세요.

별동 문화원에서 해마다 주최하는 '성년의 날' 행사가 지역 주민들에게 좋은 반응을 얻고 있다. 별동 문화원의 '성년의 날' 행사는 전통적인 관례와 계례를 그대로 재현하고 있다. 한복을 입고 머리에 비녀를 꽂은 김민지 양은 "이런 행사가 있는 줄도 몰랐어요. 그냥 밸런타인데이처럼 친구들이랑 장미꽃을 선물하는 날인 줄 알았거든요. 참석하길 참 잘한 것 같아요." 라고 말했다.

해마다 5월 셋째 월요일은 성년의 날이다. 하지만 이를 아는 사람은 많지 않다. 더군다나 대부분의 젊은이들은 성년의 날을 장미꽃이나 향수를 주고받는 날로 알고 있다. 성년식의 의미는 사라지고 선물만 남은 것이다.

성년이란 법률적인 권리를 행사할 수 있는 나이로, 우리나라의 경우 만 20살이다. 따라서 만 20살이 되면 헌법의 선거권을 갖게 되고, 부모님의 허락이 없이 결혼을 할 수 있으며, 음주와 흡연에 대한 제한이 사라지게 된다. 이와 함께, 성년으로서의 마음가짐도 갖추어야 한다.

별동 문화원 김남해 원장은 "전통적인 관례가 사라지면서 성년식의 의미도 변한 것 같아 안타까워요. 각 대학이나 직장에서 성년이 되는 학생과 직원들에게 성년식을 하고는 있지만, 그 의미는 되살리지 못하고 있거든요."라며 성년식의 참된 의미가 사라지는 것에 대해 안타까워했다.

김 원장은 "성년식은 상징적인 의미일 뿐이에요. 그러니까 굳이 전통적인 성년식을 고집할 필요는 없다고 생각해. 오히려 가족끼리 식사를 하며 자녀의 성년을 축하하는 것이 더 좋을 수도 있지요."라며, 성년식을 통해 성인으로서의 마음가짐을 갖출 수 있도록 하는 것이 더 중요하다고 강조했다.

① 핵심어 찾기

다음 문장의 빈칸에 알맞은 낱말을 적어 보세요. 빈칸의 낱말이 위 글에서 가장 중요한 핵심어입니다.

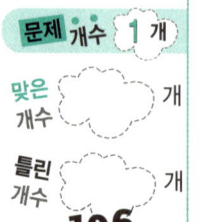
문제 개수 1 개

맞은 개수 ◌ 개

틀린 개수 ◌ 개

해마다 5월 셋째 월요일은 [   ]로, 성년식을 통해 성인으로서의 마음가짐을 갖출 수 있도록 도와주어야 한다.

♥ 다음 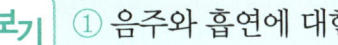를 이용해서 ❷~❸번 문제를 풀어 보세요.

보기
① 음주와 흡연에 대한 제한
② 성인으로서의 마음가짐을 갖추어야 하는 날
③ 우리나라의 경우 만 20살　　　④ 해마다 5월 셋째 월요일
⑤ 장미꽃과 향수　　　　　　　⑥ 선거권을 갖게 되고

❷
글의 짜임
그리기

문제 개수 4 개

맞은
개수 　 개

틀린
개수 　 개

다음은 위 글의 내용을 한눈에 볼 수 있도록 정리한 표입니다. ㉮~㉭에 보기 의 ①~⑥을 알맞게 넣어 표를 완성해 보세요.

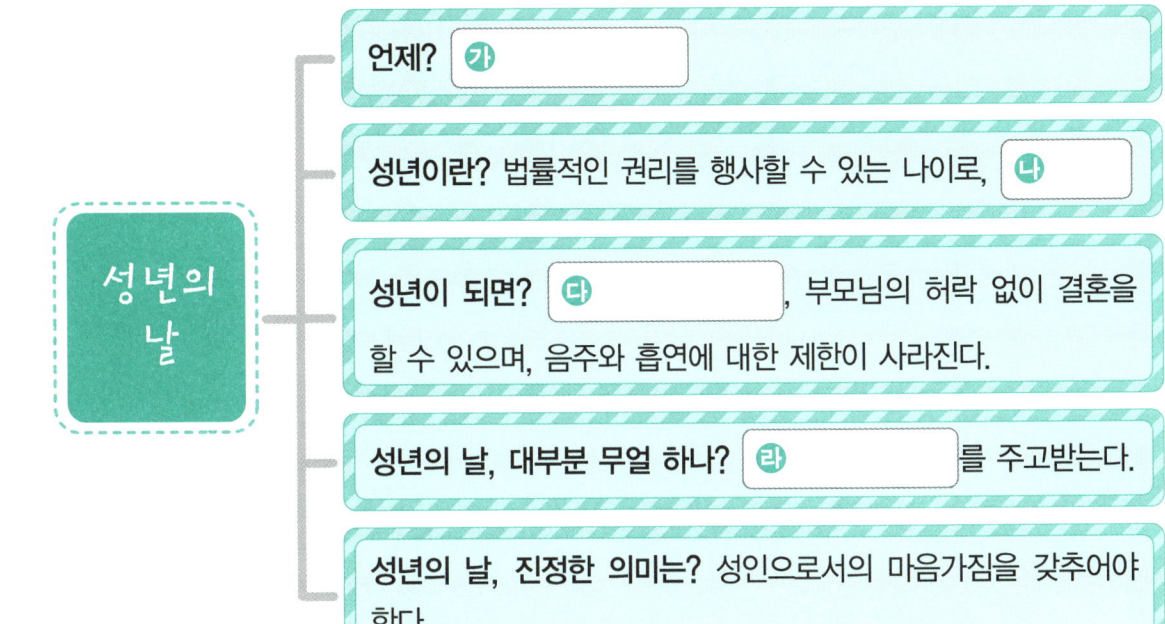

성년의
날

언제? ㉮ 　　　　

성년이란? 법률적인 권리를 행사할 수 있는 나이로, ㉯ 　　

성년이 되면? ㉰ 　　　　, 부모님의 허락 없이 결혼을 할 수 있으며, 음주와 흡연에 대한 제한이 사라진다.

성년의 날, 대부분 무얼 하나? ㉱ 　　　　를 주고받는다.

성년의 날, 진정한 의미는? 성인으로서의 마음가짐을 갖추어야 한다.

❸
요약
하기

문제 개수 2 개

맞은
개수 　 개

틀린
개수 　 개

다음은 위 글의 중심 내용을 요약한 것입니다. ㉮~㉯에 보기 의 ①~⑥을 알맞게 넣어 요약 글을 완성해 보세요.

　　해마다 5월 셋째 월요일은 성년의 날이다. 성년이란 법률적인 권리를 행사할 수 있는 나이로, 우리나라의 경우 만 20살이다. 성년이 되면 선거권을 갖게 되고, 부모님의 허락 없이 결혼을 할 수 있으며, ㉮ 　　　　 이 사라진다.

　　대부분의 젊은이들은 성년의 날이 되면, 장미꽃과 향수를 주고 받는다. 하지만 성년의 날은 ㉯ 　　　　 이다. 따라서 군이 전통적인 성년식이 아니더라도, 가족끼리 식사를 하며 자녀의 성년을 축하하면서 성년식의 의미를 되새겨야 한다.

④ 제목 달기

문제 개수 3 개

맞은 개수 ⬜ 개

틀린 개수 ⬜ 개

다음은 위 글에 가장 어울리는 제목을 찾는 과정입니다. 서로 관계 있는 것끼리 줄로 이으세요.

성년의 날, 그 의미 되살리기 ★   ★ 이 글의 제목으로 딱 좋아!

전통적인 성년식을 되살리자 ★   ★ 범위가 너무 좁아!

성년이란 ★   ★ 이 글과 상관없는 제목이야!

총 문제 개수 ⑩ 개 | 총 맞은 개수 ◯ 개 | 총 틀린 개수 ◯ 개

마음에 힘이 되는

그랜마 모제스

글을 읽고 나서 오늘 공부를 신나게 시작하자고!

그랜마 모제스를 아시나요?

그녀의 원래 이름은 애나 메리 로버트슨 모제스랍니다. '그랜마(할머니)' 라는 애칭답게 그녀는 아주 늦은 나이에 화가가 되었어요. 일흔이 넘은 나이에 그림을 그리기 시작했거든요. 첫 전시회도 일흔아홉에 열었으니까요. 그녀가 세상을 떠나던 해에도 25점이나 되는 그림을 그렸답니다. 그때 나이가 백한 살이었다고 하네요. 단 한 번도 정식으로 미술 교육을 받은 적이 없는 그녀지만, 아주 유명한 화가가 되었답니다.

그랜마 모제스처럼 어떤 일을 하기에 '늦은 때' 란 없어요. 지금이라도 시작하면, 시작한 만큼 앞서 나가게 되는 거니까요. 늦었다고 망설이기보다는 늦게 시작하는 만큼 더 열심히 하는 것이 중요하답니다.

도전 시간	걸린 시간
01 분 30 초	분 초

창의사고력 기초 다지기 계산능력 쑥~

$+$, $-$, $\times$, $\div$를 한 번씩만 넣어서 가로, 세로 계산이 8이 되도록 만들어
보세요.

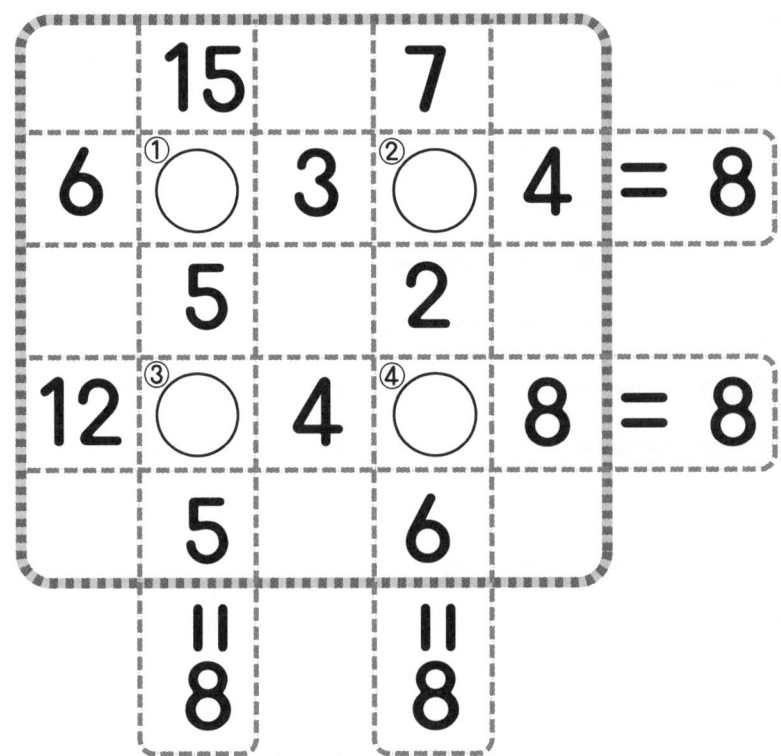

도전시간

| 7 분 | 20 초 |

걸린시간

| 분 | 초 |

● 오늘의 읽기 자료입니다. 잘 읽고 문제를 풀어 보세요.

사회자 : 요리 연구가 참맛나 님과 함께 이야기를 나누어 보겠습니다. 참맛나 님, 우리나라 상차림에는 어떤 특징이 있나요?

참맛나 : '모든 음식을 한 상에'가 특징이에요. 아침상을 떠올려 보세요. 밥과 국은 물론 모든 반찬이 한꺼번에 한 상에 오르잖아요.

사회자 : 아! 그러네요. 그런데 상차림에도 종류가 있나요?

참맛나 : 우선, 상의 주식이 무엇이냐에 따라 나눌 수가 있어요. 상의 주된 음식이 밥이면 반상, 죽이면 죽 상, 술과 안주이면 주안상, 국수나 떡국이면 면상, 차와 과자이면 다과상이랍니다.

사회자 : 정말 종류가 많네요. 그럼, 교자상, 돌상 등은 나눈 기준은 무언가요?

참맛나 : 상차림의 목적이 기준이에요. 교자상은 명절이나 잔칫날 여러 사람이 함께 식사를 할 때 차리는 상이지요. 돌상은 첫 생일을 축하하는 돌날 차리는 상이고요. 큰상은 회갑이나 혼례 등 경사스런 날에 차리는 거랍니다.

사회자 : 아하! 그럼 제사상은 제사를 위하여 차리는 거군요. 그럼, 수라상이니 진짓상이니 하는 건 무언가요?

참맛나 : 그건, 반상에 속하는 건데요, 상을 받는 사람의 신분에 따라 부르는 이름이 다른 거예요. 상을 받는 사람이 아랫사람이면 밥상, 어른이면 진짓상, 임금님이면 수라상이랍니다. 상을 받는 사람의 수에 따라서도 나누어요. 혼자 받으면 외상 또는 독상, 둘이서 받으면 겸상이랍니다.

사회자 : 휴~우. 옛날에 태어나지 않은 게 정말 다행이에요. 상차림의 종류만도 저렇게 많은데, 그 위에 차릴 음식까지 다 외우려면 정말 힘들 테니까요.

❶ 핵심어 찾기

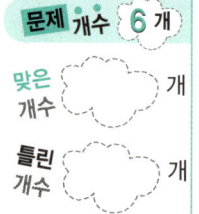

다음 어휘 중에 위 글에 나온 어휘가 있으면 빈칸에 동그라미 하세요. 동그라미 한 어휘들이 위 글의 주제와 가장 관련이 깊은 핵심어입니다.

문제 개수 6 개

맞은 개수 　 개

틀린 개수 　 개

교자상	비빔밥	삼첩반상	수랏상	반상	상차림

♥ 다음 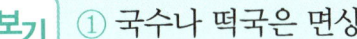 보기 를 이용해서 ❷∼❸번 문제를 풀어 보세요.

보기
① 국수나 떡국은 면상　② 차와 과자는 다과상
③ 밥과 국은 물론 모든 반찬이 한꺼번에 한 상
④ 명절과 잔칫날은 교자상　⑤ 상에 오르는 주식
⑥ 아랫사람은 밥상　⑦ 둘이 받으면 겸상
⑧ 받는 이의 신분　⑨ 회갑이나 혼례 날은 큰상

❷
글의 짜임
그리기

다음은 위 글의 내용을 한눈에 볼 수 있도록 정리한 표입니다. ㉮∼㉱에 보기 의 ①∼⑨를 알맞게 넣어 표를 완성해 보세요.

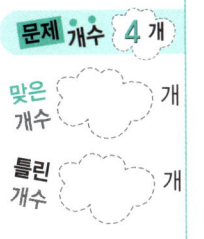

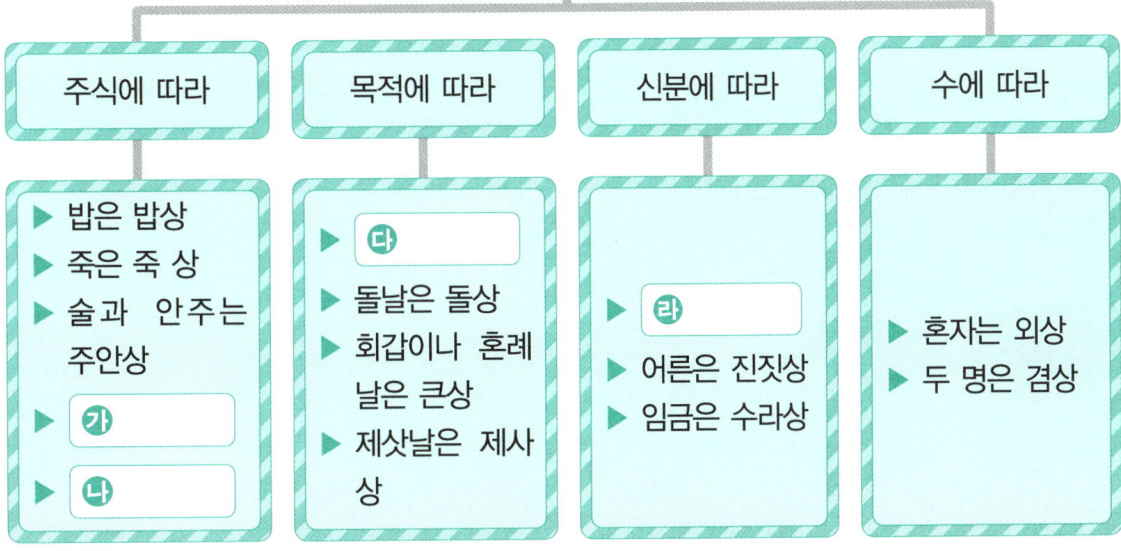

우리 나라 상차림

주식에 따라	목적에 따라	신분에 따라	수에 따라
▶ 밥은 밥상 ▶ 죽은 죽 상 ▶ 술과 안주는 주안상 ▶ ㉮ ▶ ㉯	▶ ㉰ ▶ 돌날은 돌상 ▶ 회갑이나 혼례 날은 큰상 ▶ 제삿날은 제사상	▶ ㉱ ▶ 어른은 진짓상 ▶ 임금은 수라상	▶ 혼자는 외상 ▶ 두 명은 겸상

❸
요약
하기

다음은 위 글의 중심 내용을 요약한 것입니다. ㉮∼㉲에 보기 의 ①∼⑨를 알맞게 넣어 요약 글을 완성해 보세요.

　　우리나라 상차림은 ㉮　　　　　　에 차려지는 것이 특징이다. 그 종류로는 ㉯　　　　에 따라 밥은 반상, 죽은 죽 상, 술과 안주는 주안상, 국수나 떡국은 면상, 차와 과자는 다과상으로 나누어진다. 상을 차리는 목적에 따라서 명절과 잔칫날은 교자상, 돌날은 돌상, ㉰　　　　, 제삿날은 제사상으로 나눈다. 특히, 반상을 ㉱　　　에 따라 아랫사람은 밥상, 어른은 진짓상, 임금은 수라상이라고 부르고, 받는 사람의 수에 따라 상을 혼자 받으면 외상, ㉲　　　이라고 한다.

④ 제목 달기

문제 개수 ③ 개

맞은 개수 ◯ 개

틀린 개수 ◯ 개

다음은 위 글의 제목 후보입니다. 먼저, 위 글의 제목으로 가장 알맞은 것을 골라 빈칸에 ◯를 하세요. 그런 다음, 주어진 조건에 맞게 ×, △, □를 표시하세요. (단, ◯는 딱 한 개만 고르세요.)

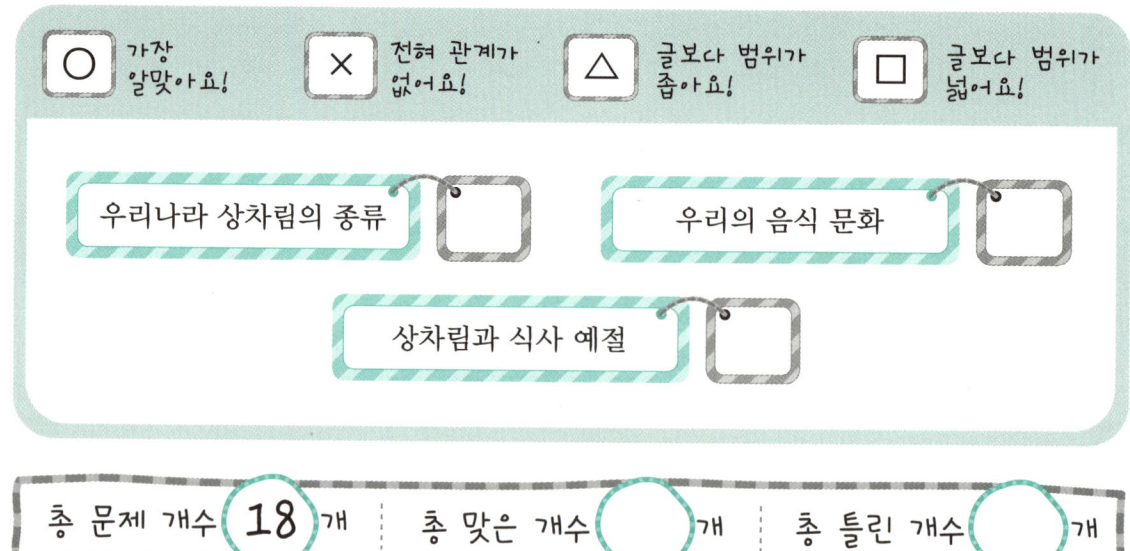

◯ 가장 알맞아요! ✕ 전혀 관계가 없어요! △ 글보다 범위가 좁아요! □ 글보다 범위가 넓어요!

| 우리나라 상차림의 종류 | ☐ | 우리의 음식 문화 | ☐ |

상차림과 식사 예절 ☐

총 문제 개수 ⑱ 개 │ 총 맞은 개수 ◯ 개 │ 총 틀린 개수 ◯ 개

상식 쑥쑥 키우는 72

글을 읽고 나서 오늘 공부를 신나게 시작하자고!

그린 카를 개발하라

오늘날 자동차는 지구 온난화의 주범으로 지목받고 있습니다. 자동차 운행 중에 발생하는 이산화탄소 때문입니다. 따라서 이산화탄소의 배출량이 '0'인 미래의 자동차, 즉 그린 카 (Green Car)를 만들기 위해 많은 사람들이 연구 중에 있답니다.

하이브리드 자동차도 그린 카 중에 하나입니다. 하이브리드 자동차란 동력원으로 두 가지 이상의 원료를 사용하는 것을 말하는데, 가솔린과 배터리가 원료로 사용됩니다. 따라서 기존의 모터와 전동기, 이렇게 두 개가 있답니다. 일본의 '프리우스'가 대표적인 하이브리드 자동차랍니다. 우리나라도 가정용 전력을 충전하여 움직이는 플러그인 하이브리드 자동차 개발에 힘쓰고 있답니다.

창의사고력 기초 다지기   주의집중력 쏙~

보기 의 그림이 되려면 필요한 모양 2개가 무엇일까요?

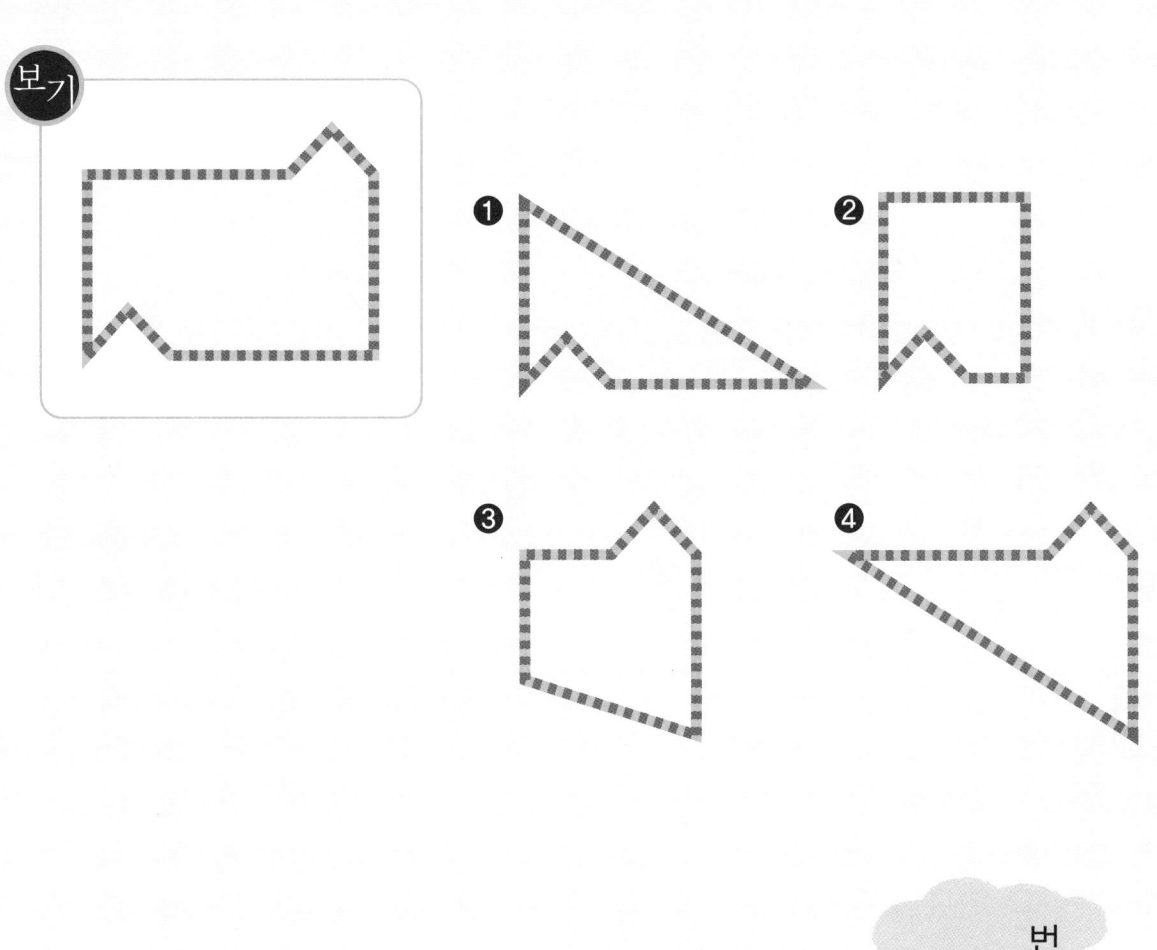

번

● 오늘의 읽기 자료입니다. 잘 읽고 문제를 풀어 보세요.

'도루묵'이라고 들어 봤나요? 어느 친구는 '도토리묵'을 떠올렸을 거예요. 간장에 콕콕 찍어먹는 '묵'으로 말이에요. 하지만 '도루묵'은 '묵'이 아니라, 바닷물고기의 이름이랍니다. '도루묵'이라는 이상한 이름을 갖게 된 것은 임금님의 변덕스런 입맛 때문이랍니다.

임진왜란 때, 선조 임금은 왜군을 피해 피난을 갔어요. 너무 급하게 떠난 탓에 음식을 제대로 챙길 수가 없었어요. 아무리 임금님이라 할지라도 초라한 음식을 먹어야 했지요. 이 소식을 들은 한 어부가 '묵'이라는 생선 한 꾸러미를 바쳤어요. 선조는 오랜만에 싱싱한 생선으로 만든 음식을 먹었는데, 그 맛이 매우 담백한 거예요. 선조는 맛에 비해 묵이란 이름이 너무 초라하다며, 앞으로는 '은어'라고 부르도록 했어요.

궁궐로 돌아온 임금은 피난길에 먹었던 은어가 너무 먹고 싶었어요. 그래서 은어를 상에 올리라고 했답니다. 그런데 웬일인지 은어의 맛이 비릿하니 예전의 맛이 아닌 거예요. 실망한 임금님은 "에잇, 도로 묵이라고 불러라."하고 말했다지 뭐예요.

그런데, 피난길에 묵이 맛있었던 건 당연한 거 아니겠어요? 먹을 것이 없었으니까요. 하지만 먹을 것이 많은 궁궐에서 먹으니 묵의 맛이 형편없게 느껴진 거예요. 선조의 변덕스런 입맛 때문에 '묵'은 '은어'에서 '도로묵'으로 바뀌게 되었고, 나중에 '도로묵'이 '도루묵'으로 바뀌게 된 거랍니다.

묵이 임금님의 마음에 들어 은어란 이름을 얻었다가 순식간에 다시 도루묵이 된 것처럼, 노력했던 일이 헛수고가 되면 '말짱 도루묵'이라고 한답니다.

① 핵심어 찾기

다음 문장의 빈칸에 알맞은 낱말을 적어 보세요. 빈칸의 낱말이 위 글에서 가장 중요한 핵심어입니다.

문제 개수 1 개

맞은 개수 ◯ 개

틀린 개수 ◯ 개

[　　　　]이란 바닷물고기의 이름으로, 새로 지은 이름인 '은어'라 부르지 말고, 원래의 이름인 '묵'으로 '도로(다시)' 부르라고 한 데서 유래했답니다.

♥ 다음 보기 를 이용해서 ❷~❸번 문제를 풀어 보세요.

보기
① 피난길에 먹었던 '은어'
② 도로(다시) 묵이라고 불러라
③ 맛에 비해 '묵' 이라는 이름이 너무 초라하다
④ 예전의 맛
⑤ '묵' 이라는 생산 한 꾸러미
⑥ 피난길

❷
글의 짜임
그리기

다음은 위 글의 내용을 한눈에 볼 수 있도록 정리한 표입니다. ㉮~㉰에 보기 의 ①~⑥을 알맞게 넣어 표를 완성해 보세요.

임진왜란 때, 선조 임금은 왜군을 피해 피난을 떠났다. 아무리 임금이라 할지라도 ㉮ [   ] 에서는 초라한 수랏상을 받아야 했다.

➡

이 소식을 들은 한 어부가 '묵' 이라는 생선 한 꾸러미를 바쳤다. 선조는 오랜만에 싱싱한 생선으로 만든 음식을 먹고는, 묵의 맛이 담백하다고 느꼈다.

➡

선조는 음식의 ㉯ [   ] 며, 앞으로는 '은어' 로 부르도록 했다.

⬇

선조는 예전의 맛이 아니라며, "도로(다시) 묵이라고 불러라."하고 말했다. 이런 이유로 '묵' 은 '은어' 에서 '도로묵' 으로, 나중에는 '도루묵' 으로 불리게 되었다.

⬅

다시 궁궐로 돌아온 임금은 ㉰ [   ] 가 너무 먹고 싶어, 상에 올리도록 했다. 그러나 음식 맛이 담백한 게 아니라 비릿했다.

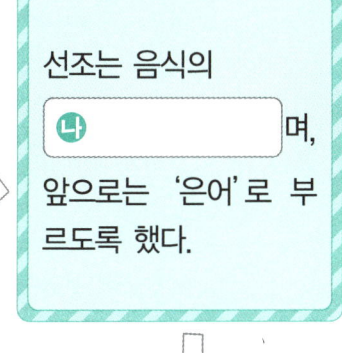

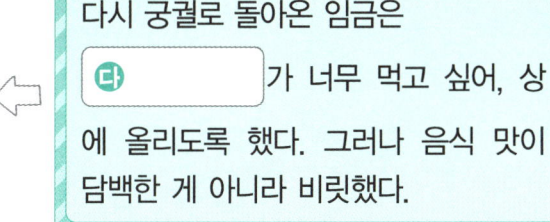

❸
요약
하기

다음은 위 글의 중심 내용을 요약한 것입니다. ㉮~㉰에 보기 의 ①~⑥을 알맞게 넣어 요약 글을 완성해 보세요.

　임진왜란 때 선조 임금은 피난길을 떠나게 되어 초라한 음식을 먹을 수밖에 없었다. 어느 날, 한 어부가 ㉮ [   ] 를 바쳤다. 오랜만에 싱싱한 생선을 먹은 선조는 그 맛이 매우 담백했다. 그래서 '묵' 이란 이름 대신 '은어' 라고 부르도록 했다. 다시 궁궐로 돌아온 선조는 피난길의 '은어' 가 너무도 먹고 싶어, 상에 올리도록 했다. 그러나 그 맛이 비릿하니 ㉯ [   ] 이 아니었다. 선조는 예전의 맛이 아니라며, "㉰ [   ]."하고 말했다. 선조의 말 한마디에, '묵' 은 '은어' 에서 '도로묵' 으로, 나중에는 '도루묵' 으로 불리게 되었다.

다음은 위 글의 제목 후보입니다. 먼저, 위 글의 제목으로 가장 알맞은 것을 골라 빈칸에 ○를 하세요. 그런 다음, 주어진 조건에 맞게 ×, △, □를 표시하세요. (단, ○는 딱 한 개만 고르세요.)

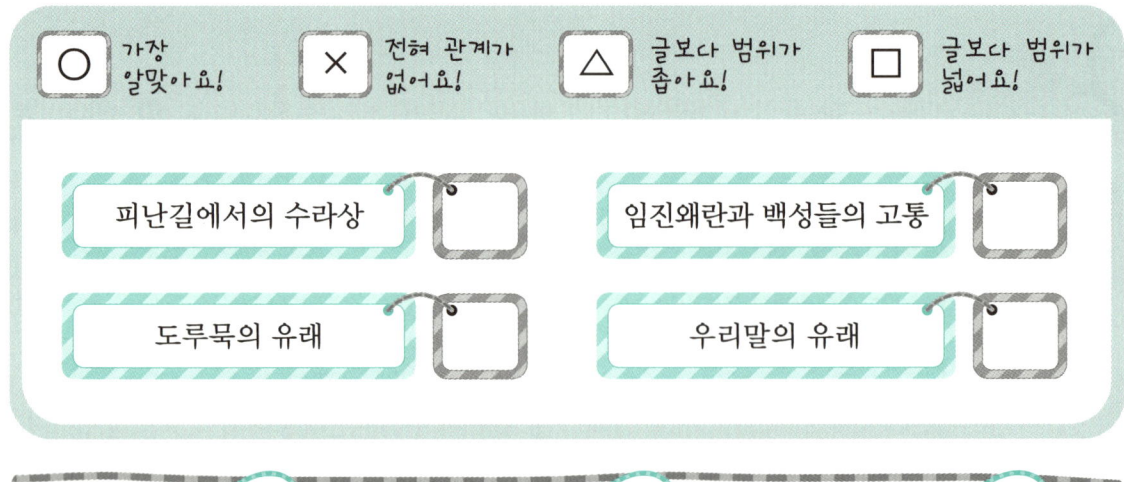

○ 가장 알맞아요!　　× 전혀 관계가 없어요!　　△ 글보다 범위가 좁아요!　　□ 글보다 범위가 넓어요!

피난길에서의 수라상 ⬜　　임진왜란과 백성들의 고통 ⬜

도루묵의 유래 ⬜　　우리말의 유래 ⬜

총 문제 개수 11 개 ┊ 총 맞은 개수 ◯ 개 ┊ 총 틀린 개수 ◯ 개

마음에 힘이 되는 글

세상을 기쁘게 하는 봉사

글을 읽고 나서 오늘 공부를 신나게 시작하자고!

여러분은 '봉사'를 해 본 적이 있나요?

아마도 "없어요." 하고 대답할 거예요. 하지만 곰곰이 생각해 보면, 한번쯤은 누구나 봉사를 해 보았답니다. 길을 몰라 헤매는 사람에게 친절하게 대답을 해 주었다든지, 어른에게 자리를 양보했다든지, 청소 당번이 아닌데도 교실 바닥에 떨어진 휴지를 주웠다든지 하는 행동은 모두 봉사랍니다.

봉사는 어렵고 거창한 행동이 아니에요. 다른 사람을 위해 하는 행동 모두가 봉사랍니다. 장애로 이동이 불편한 친구를 살짝 도와준다든지, 우유 당번이 아니더라도 우유를 가져다 놓는 것도 봉사니까요.

봉사란 마음보다 실천이 더 어렵답니다. 한번 해 보면, 자꾸만 하고 싶어지는 것이 봉사예요. 오늘부터 하나씩 봉사를 실천해 보세요. 세상이 더욱 기쁘고 행복하게 느껴질 거예요.

머리 풀어 주는 퍼즐

창의사고력 기초 다지기 · 연상추리력 쑥~

다음 그림들에는 공통점이 있습니다. ❓에 들어갈 그림은 무엇일까요?

❶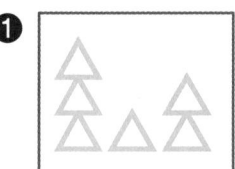

❷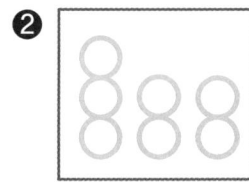

❸

번

● 오늘의 읽기 자료입니다. 잘 읽고 문제를 풀어 보세요.

영국에 가면 비만을 조심해야 해요. 하루에 식사를 4번 해야 하니까요.

영국에서는 아침을 가볍게 한답니다. 과일 주스와 시리얼, 베이컨과 달걀 등을 먹거든요. 대신 점심을 든든하게 먹어요. 특히 후식을 달다는 뜻의 '스위트'라고도 부르는데, 주로 푸딩이나 타르트처럼 아주 단 음식을 먹지요.

이제 세 번째 식사를 할 차례예요. 영국 사람들은 오후 3~4시가 되면 에프터눈 티를 먹거나, 5시에 하이 티를 먹어요. 둘 다 홍차가 빠져서는 절대 안 된답니다. 에프터눈 티는 19세기 초 영국 베드포드 공작 부인이 시작했어요. 8시에 먹는 저녁을 기다리다가, 너무 배가 고파서 홍차와 케이크를 먹었다네요. 공작 부인의 다과회는 상류층 부인들 사이에서 유행처럼 번졌고, 세 번째 식사로 자리를 잡았답니다.

반면, 하이 티는 노동 계층과 중·하류층에서 생겨났어요. 하루 종일 공장에서 일하다 집에 오면 배가 몹시 고프잖아요. 한창 일하고 있는 3~4시에 에프터눈 티를 할 수도 없고 말이에요. 그래서 저녁을 먹기 전, 미리 준비해 놓은 고기 요리와 파이, 베이컨, 감자튀김 등을 홍차와 함께 먹었답니다. 배고픔을 달래던 간식인 에프터눈 티와 하이 티가 오늘날 세 번째 식사가 된 거예요.

마지막으로 저녁을 먹어요. 점심을 푸짐하게 먹었으면 저녁은 조금 가볍게 먹는 서퍼와 반대로 점심을 가볍게 먹었으면 저녁을 든든하게 먹는 디너가 있답니다. 요즘엔 주로 가볍게 먹는 서퍼를 차린다고 하네요.

참! 에프터눈 티와 하이 티 둘 다 먹으면 안 돼요. 간식 같은 식사는 하루에 한 번으로 충분하니까요.

❶ 핵심어 찾기

다음 어휘들 중에 위 글에 나온 어휘가 있으면 빈칸에 동그라미 하세요. 동그라미 한 어휘들이 위 글의 주제와 가장 관련이 높은 핵심어입니다.

문제 개수 6 개

맞은 개수 ( ) 개

틀린 개수 ( ) 개

영국	홍차	서퍼	햄버거	시리얼	에프터눈 티

♥ 다음 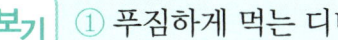 보기 를 이용해서 ❷~❸번 문제를 풀어 보세요.

보기
① 푸짐하게 먹는 디너
② 푸딩이나 타르트처럼 단맛이 강한 후식을
③ 과일 주스와 시리얼
④ 5시에 고기 요리를 먹는
⑤ 점심이 푸짐했으면 서퍼를, 가벼웠으면 디너를
⑥ 홍차가
⑦ 든든하게 먹기
⑧ 홍차와 케이크를 먹는 에프터눈 티

❷ 글의 짜임 그리기

문제 개수 **4** 개

맞은 개수 ⬭ 개

틀린 개수 ⬭ 개

다음은 위 글의 내용을 한눈에 볼 수 있도록 정리한 표입니다. ㉮~㉰에 보기 의 ①~⑧을 알맞게 넣어 표를 완성해 보세요.

영국의 식사

아침	점심	간식	저녁
▶ 가볍게 먹기 ▶ ㉮ ▶ 베이컨과 달걀	▶ ㉯ ▶ 푸딩이나 타르트처럼 단맛이 강한 후식을 먹는다.	▶ 3~4시에 ㉰ ▶ 5시에 홍차와 고기요리 등을 먹는 하이 티	▶ ㉱ ▶ 가볍게 먹는 서퍼

❸ 요약 하기

다음은 위 글의 중심 내용을 요약한 것입니다. ㉮~㉱에 보기 의 ①~⑧을 알맞게 넣어 요약 글을 완성해 보세요.

문제 개수 **4** 개

맞은 개수 ⬭ 개

틀린 개수 ⬭ 개

영국 사람들은 하루 식사를 4번 한다. 먼저, 아침은 과일 주스와 시리얼 또는 베이컨과 달걀 등으로 가볍게 한다. 대신 점심을 든든하게 먹는다. 특히 ㉮ 먹는다. 세 번째 식사로 3~4시에 케이크를 먹는 에프터눈 티 또는 ㉯ 하이 티가 있다. 두 식사 모두 ㉰ 빠져서는 안된다. 저녁으로는 푸짐하게 먹는 디너와 가볍게 먹는 서퍼가 있다. ㉱ 차린다.

다음은 위 글의 제목 후보입니다. 먼저, 위 글의 제목으로 가장 알맞은 것을 골라 빈칸에 ○를 하세요. 그런 다음, 주어진 조건에 맞게 ×, △, □를 표시하세요. (단, ○는 딱 한 개만 고르세요.)

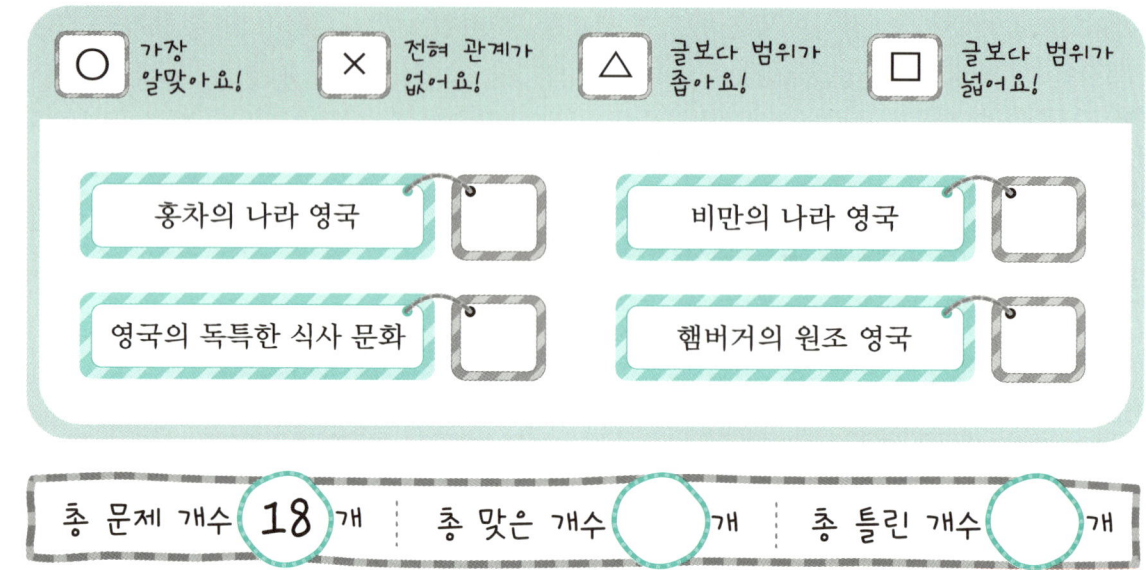

○ 가장 알맞아요! × 전혀 관계가 없어요! △ 글보다 범위가 좁아요! □ 글보다 범위가 넓어요!

| 홍차의 나라 영국 | | 비만의 나라 영국 | |
| 영국의 독특한 식사 문화 | | 햄버거의 원조 영국 | |

총 문제 개수 **18** 개   │   총 맞은 개수 ◯ 개   │   총 틀린 개수 ◯ 개

상식 쑥쑥 키우는

글을 읽고 나서 오늘 공부를 신나게 시작하자고!

72

'아피아 도로'를 아시나요?

고대 로마 사람들이 만든 첫 번째 도로로, 오늘날에도 이 도로를 이용하고 있답니다. 기원전 312년 고대 로마 사람들은 로마와 카푸아를 잇는 도로를 만들었고 기원전 240년에는 이 도로를 이탈리아의 부룬디시움까지 연장했답니다. 그 이유는 귀족들의 드라이브를 위해서였답니다. 고대 로마 사람들은 드라이브를 너무도 좋아했는데, 가마·수레 등을 타고 이 도로를 달렸답니다. 귀족들은 더 빨리 더 신나게 달리고 싶은 나머지, 노예나 개를 미리 앞세워 사람들을 길가로 내보낸 뒤 마차로 쌩쌩 달렸답니다. 때로는 아프리카 기병대를 이용해 마차가 지나갈 길을 미리 마련하고는 정신없이 달렸답니다.

그 옛날 마차와 말이 달리던 아피아 도로, 지금은 자동차가 달리고 있답니다.

도전 시간	걸린 시간
00 분 30 초	분 초

창의사고력 기초 다지기 판단 능력 쑥~

보기를 참고하여 다음 모양의 총 길이는 몇 cm인지 알아 보세요.

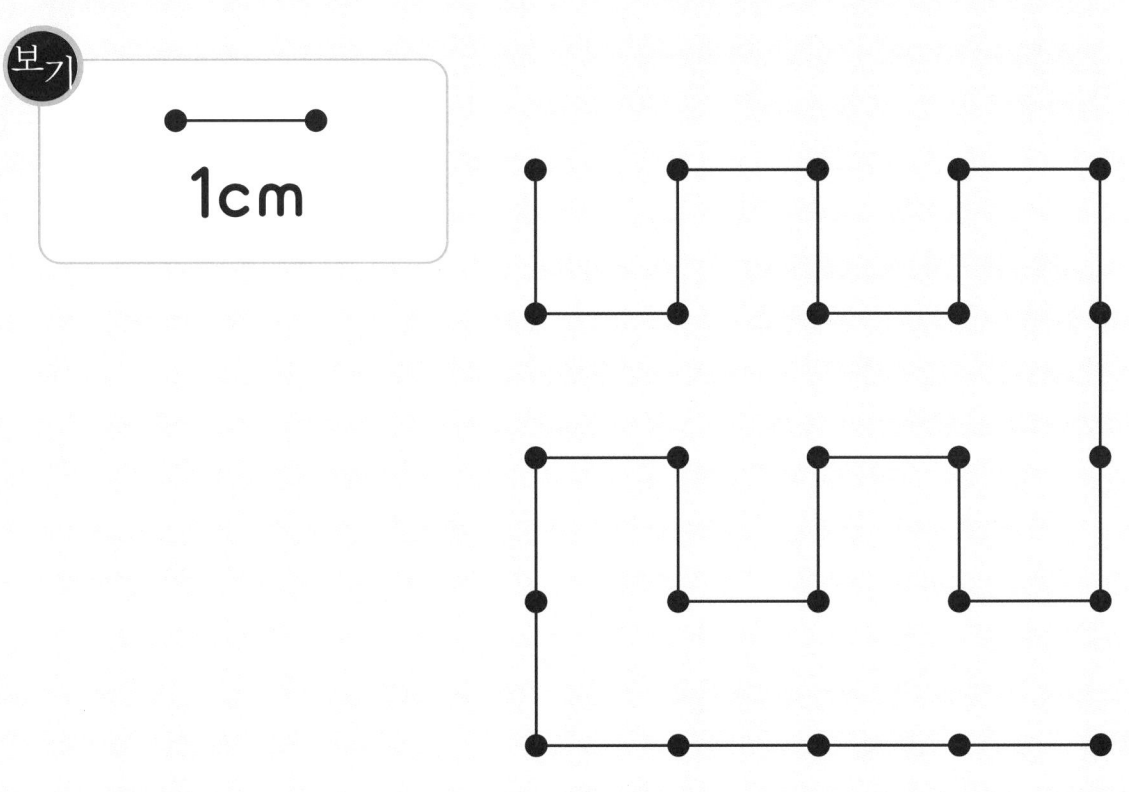

cm

빠르고 **정확**하게 **읽기**

속독 정독

도전시간

| 7 분 | 20 초 |

걸린시간

| 분 | 초 |

● 오늘의 읽기 자료입니다. 잘 읽고 문제를 풀어 보세요.

20○○년 ○월 ○○일

너무 속상하다. 회장단 선거에서 회장도, 부회장도 모두 떨어지고 말았다. 회장 후보로 혁재, 민지 그리고 내가 나왔다. 남자 아이들은 후보들의 이야기를 듣지도 않고 혁재를 찍어야 한다고 소리쳤다. 이유가 남자이기 때문이라나. 한 학기 동안 심부름꾼으로 일할 회장을 같은 남자라는 이유만으로 뽑다니, 정말 이해가 안 되었다. 결국 혁재가 회장이 되었다.

부회장 선거에는 민지, 예린, 진환, 나 이렇게 넷이 나왔다. 투표 결과 민지 12표, 예린 8표, 진환 5표, 그리고 나는 11표가 나왔다. 결국 한 표 차이로 민지가 부회장이 되었다. 옆에 있던 미나는 민지가 부회장 되는 것에 찬성한 애는 12표이고 반대한 애는 24표나 되는데, 도대체 왜 미나가 부회장이냐며 투덜거렸다. 생각해 보니까, 나도 좀 이상했다. 찬성보다 반대가 훨씬 많은데 어떻게 부반장이 됐는지 말이다.

엄마는 회장 선거 이야기를 듣더니, 다수결이 언제나 좋은 건 아니라며 웃었다. 토론도 없이 투표를 하면 어리석은 투표 결과를 얻을 수도 있고, 많은 이들이 반대하는 사람이 당선될 수도 있다고 말이다.

엄마의 말을 듣고 나니 더 답답했다. 우리가 어른이 되면 국회의원이랑 대통령 선거를 할 텐데, 같은 남자라서 뽑고 같은 학교라서 뽑고 같은 고향이어서 뽑고 하면 어떻게 하냐 말이다. 정말 일을 잘하고 열심히 하는 사람은 뽑아 주지 않을 테니 말이다. 게다가 반대 의견이 높은 사람이 국회의원이나 대통령으로 당선될 수도 있으니 말이다. 내년부터는 회장단 선거에 나가지 말고, 똑바로 투표하기 선거 운동을 벌여야겠다.

① 핵심어 찾기

문제 개수 **6** 개

맞은 개수 ◯ 개

틀린 개수 ◯ 개

다음 어휘들 중에 위 글에 나온 어휘가 있으면 빈칸에 동그라미 하세요. 동그라미 한 어휘들이 위 글의 주제와 가장 관련이 높은 핵심어입니다.

| 다수결 | 투표 | 공정 선거 | 회장단 선거 | 선거 운동 | 토론 |
| | | | | | |

♥ 다음 보기 를 이용해서 ❷～❸번 문제를 풀어 보세요.

보기
① 다수결 원칙
② 민지를 지지하지 않은 사람들이 24표로 훨씬 많다.
③ 미리 토론을 하지 않으면
④ 단지 남자라는 이유로
⑤ 대다수가 지지하지 않은
⑥ 국회의원·대통령 선거 등에서도

❷ 글의 짜임 그리기

다음은 위 글의 내용을 한눈에 볼 수 있도록 정리한 표입니다. 가~다에 보기의 ①~⑥을 알맞게 넣어 표를 완성해 보세요.

문제 개수 3 개

맞은 개수 □ 개

틀린 개수 □ 개

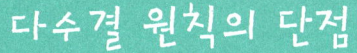

다수결 원칙의 단점

가
잘못된 투표 결과가 나타날 수 있다.

누가 회장으로 적합한지 토론하지 않고, 단지 남자라는 이유로 혁재가 회장으로 당선되었다.

대다수가 지지하지 않은 사람이 당선될 수도 있다.

민지는 12표를 얻어 부회장이 되었지만, **나**

이러한 다수결 원칙의 단점은, **다** 똑같이 나타날 수 있다. 따라서 학교의 회장단 선거부터 제대로 투표해야 한다.

❸ 요약 하기

다음은 위 글의 중심 내용을 요약한 것입니다. 가~다에 보기의 ①~⑥을 알맞게 넣어 요약 글을 완성해 보세요.

문제 개수 3 개

맞은 개수 □ 개

틀린 개수 □ 개

가 이 언제나 민주적인 의사 결정 방법으로 좋은 것은 아니다. 때로는 문제점을 나타내기도 한다. 미리 토론을 하지 않으면, 잘못된 투표 결과를 가져올 수 있다. 회장으로 적합한 사람이 누구인지에 대해 토론하지 않고, **나** 혁재가 회장으로 당선된 것이 그 예이다. 또한 **다** 사람이 당선될 수도 있다. 민지는 12표를 얻어 부회장이 되었지만, 민지를 지지하지 않은 표는 24표나 된다. 지지자보다 반대자가 더 많은 셈이다.

이런 회장단 선거의 결과는 미래의 국회의원·대통령 선거 등에서도 똑같이 나타날 수 있다. 따라서 학교의 회장단 선거부터 제대로 투표해야 한다.

④ 제목 달기

다음은 위 글에 가장 어울리는 제목을 찾는 과정입니다. 서로 관계 있는 것끼리 줄로 이으세요.

문제 개수 3 개

맞은 개수 ⬚ 개

틀린 개수 ⬚ 개

민주주의와 다수결 ★   ★ 이 글의 제목으로 딱 좋아!

다수결 원칙의 문제점 ★   ★ 범위가 너무 좁아!

토론 없는 투표의 문제점 ★   ★ 이 글과 상관없는 제목이야!

총 문제 개수 15 개 ┃ 총 맞은 개수 ◯ 개 ┃ 총 틀린 개수 ◯ 개

글을 읽고 나서 오늘 공부를 신나게 시작하자고!

상식 쑥쑥 키우는

인간과 닮은 로봇

공상 과학 영화를 보면, 인간의 모습을 닮고 인간처럼 생각하는 로봇이 등장합니다. 이 로봇은 기쁘고 슬프고 화나고 사랑하는 감정까지 인간을 닮아 있습니다. 이런 로봇을 안드로이드라고 한답니다. 안드로이드는 '인간을 닮은 것'이라는 뜻의 그리스 말에서 유래되었답니다. 겉모습뿐 아니라 행동도 인간과 구별할 수 없는 로봇으로, '인조인간'을 의미한답니다. 아직까지는 현재의 기술로는 만들 수 없는 로봇이랍니다.

안드로이드와 비슷한 로봇으로 휴머노이드가 있답니다. 휴머노이드는 '외모가 인간처럼 생겼다'는 뜻이랍니다. 즉, 생각하고 느끼는 것은 인간을 닮지 않았더라도 겉모습만 인간을 닮았다면 휴머노이드라고 부를 수 있답니다.

사람의 신체 일부를 기계로 대신하는 사이보그도 있습니다. 사이보그란 뇌 이외의 인간의 몸 부위를 기계로 만든 개조 인간을 뜻한답니다. 전자 의족, 인공 심장, 인공 신장 등으로 몸의 일부를 교체한 인간을 사이보그라고 부를 수 있답니다.

머리 풀어 주는 퍼즐

도전 시간 02 분 00 초   걸린 시간 분 초

창의사고력 기초 다지기) 정보처리능력 쓱~

A부터 B까지 가는 가장 가까운 길은 모두 몇 가지일까요?

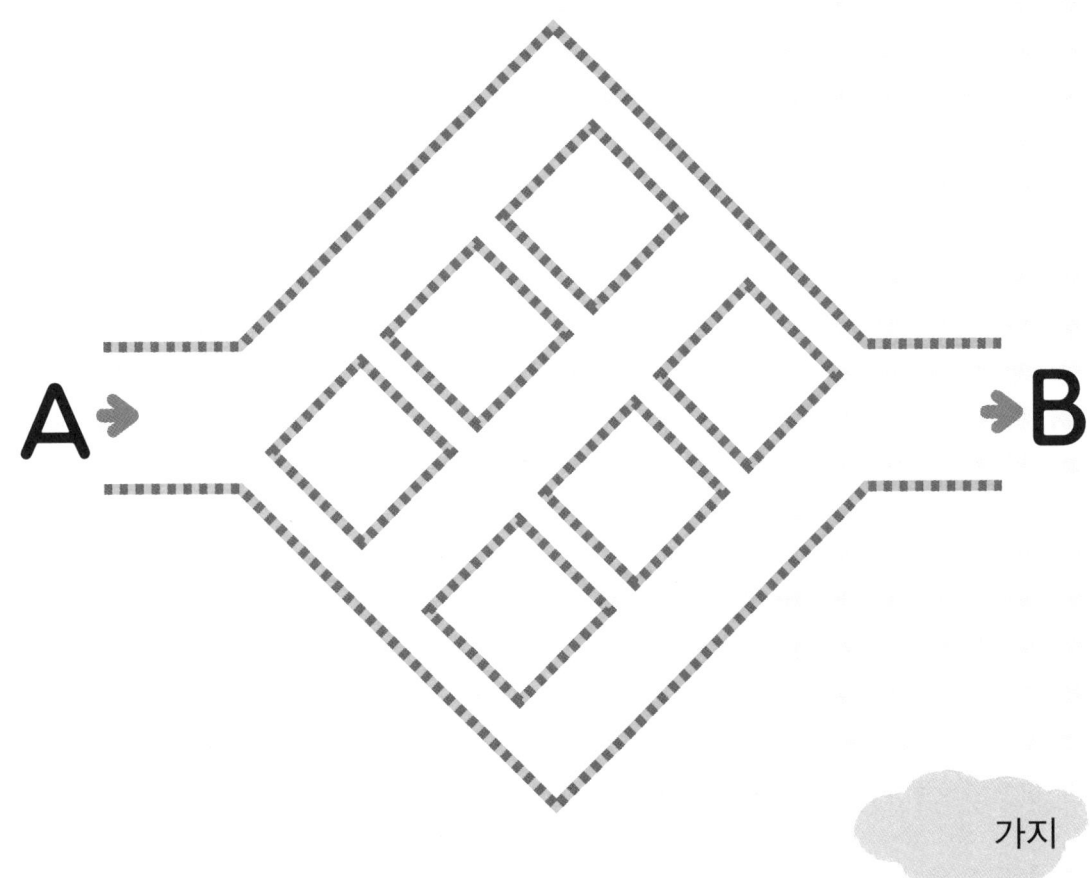

가지

● 오늘의 읽기 자료입니다. 잘 읽고 문제를 풀어 보세요.

　　민주주의를 꽃피운 도시, 고대 아테네에는 도편 추방제가 있었어요. 아테네 시민들이 독재를 할 위험이 있다고 생각되는 사람의 이름을 도자기 조각에 적어 투표를 하는 거지요.

　　그런데 자신을 추방하려는 의견에 스스로 한 표를 던진 사람이 있어요. 바로 아리스티데스예요. 기원전 5세기 아테네의 유명한 정치가이자 장군이었지요. 원래 그는 아테네 시민들의 큰 지지를 받았어요. '정의로운 사람'이라는 칭찬을 받을 정도로 말이에요.

　　그러나 테미스토클레스라는 사람이 '아리스티데스가 그리스의 왕이 되어 독재를 할 것이다'라는 헛소문을 퍼트리기 시작했고, 사람들은 그가 독재를 할 것이라고 믿어 버리고 말았답니다. 결국 아테네 시민들은 아리스티데스를 두고 도편 추방 투표를 하게 되었어요.

　　도편 추방 투표를 하는 날이었어요. 아리스티데스가 투표장으로 가는데, 한 사람이 도자기 조각을 들고는 "글씨를 모르니, 내 대신 아리스티데스라고 써 주세요."라고 부탁을 했어요. 아리스티데스는 아무 말도 않고 이름을 써 주었어요. 그리고는 왜 아리스티데스를 선택했는지 물었지요. 그러자 그 사람은 "이 사람은 잘못한 게 없어요. 하도 사람들이 정의로운 사람이라고 하는 통에 짜증이 났어요."라고 말했답니다. 결국, 아리스티데스는 자기 이름을 적어 투표를 한 거예요.

　　그가 추방되던 날, 아내가 물었어요. "왜 당신처럼 정의로운 사람이 추방당해야 하죠?" 그러자, 그는 "아테네 시민들이 날 구해 준거야. 권력을 너무 오래 갖고 있으면 부패하기 쉽거든."이라고 말하며 아테네를 떠났답니다. 그로부터 2년 뒤 전쟁이 벌어졌고, 그는 돌아와서 위험에 빠진 아테네를 구해 냈답니다.

1 핵심어 찾기

다음 문장의 빈칸에 알맞은 낱말을 적어 보세요. 빈칸의 낱말이 위 글에서 가장 중요한 핵심어입니다.

　　[　　　　　　　]란 고대 아테네에 있었던 제도로, 시민들이 독재를 할 위험이 있다고 생각되는 사람의 이름을 도자기 조각에 적어서 투표하던 제도입니다.

♥ 다음 보기 를 이용해서 ❷∼❸번 문제를 풀어 보세요.

보기
① 도편 추방 투표
② 자신의 이름을 새긴 뒤
③ 짜증이 나요.
④ 정치가 아리스티데스
⑤ 도자기 조각에 '아리스티데스'라고 새겨 달라며
⑥ 그리스의 왕이 되어 독재를 할 것이다
⑦ 자신을 추방하려는 투표에, 스스로 이름을 적어야 했던

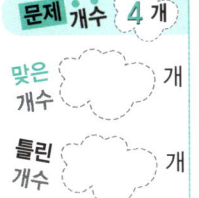

❷ 글의 짜임 그리기

다음은 위 글의 내용을 한눈에 볼 수 있도록 정리한 표입니다. 가∼라에 보기 의 ①∼⑦을 알맞게 넣어 표를 완성해 보세요.

문제 개수 4 개

맞은 개수 ⬜ 개

틀린 개수 ⬜ 개

고대 아테네에 '정의로운 사람'이라고 불리는 ㉮ ⬜ 가 있었어요. 어느 날, '아리스티데스가 ㉯ ⬜ '라는 헛소문을 돌기 시작했어요.

결국, 아리스티데스는 도편추방투표에 부쳐지게 되었어요. 투표 날, 한 남자가 ㉰ ⬜ 그에게 부탁했어요. 자신을 추방하려는 투표에 스스로 이름을 적어야 하는 거예요.

아리스티데스는 ㉱ ⬜ , 남자에게 이유를 물었어요. 그러자 남자는 "사람들이 너무 정의로운 사람이라고 하니까 짜증이 나요"라고 대답했어요.

그로부터 2년 뒤 전쟁이 벌어졌고, 추방당했던 아리스티데스는 다시 돌아와 위험에 빠진 아테네를 구해 냈답니다.

❸ 요약 하기

다음은 위 글의 중심 내용을 요약한 것입니다. 가∼다에 보기 의 ①∼⑦을 알맞게 넣어 요약 글을 완성해 보세요.

문제 개수 3 개

맞은 개수 ⬜ 개

틀린 개수 ⬜ 개

　고대 아테네에 '정의로운 사람'이라고 불리는 아리스티데스가 있었어요. 어느 날, '아리스티데스가 그리스의 왕이 되어 독재를 할 것이다'라는 헛소문이 돌기 시작했답니다. 결국, 그는 ㉮ ⬜ 에 부쳐지게 되었어요. 투표 날, 한 남자가 도자기 조각에 '아리스티데스'라고 새겨 달라며 아리스티데스에게 부탁했어요. ㉯ ⬜ 거예요. 그는 자신의 이름을 새긴 뒤, 남자에게 이유를 물었어요. 그러자 남자는 "사람들이 너무 정의로운 사람이라고 하니까 ㉰ ⬜ "라고 대답했답니다. 그로부터 2년 뒤 전쟁이 벌어졌고, 추방을 당했던 아리스티데스는 다시 돌아와서 위험에 빠진 아테네를 구해 냈답니다.

다음은 위 글에 가장 어울리는 제목을 지어 보는 과정입니다. 보기 에 주어진 단어를 이용해서 제목을 달아 보세요.

보기   자신을   아리스티데스   추방시킨   스스로

총 문제 개수 ⑨ 개 | 총 맞은 개수 ◯ 개 | 총 틀린 개수 ◯ 개

상식 쑥쑥 키우는 7² 다양한 자전거의 종류

글을 읽고 나서 오늘 공부를 신나게 시작하자고!

자전거에도 종류가 있답니다. 자전거를 타는 목적에 따라 일반 자전거, 산악용 자전거, 특수용 자전거, 어린이용 자전거로 나눌 수 있습니다.

일반 자전거는 출퇴근이나 등하교에 타기 좋은 자전거입니다. 특히, 일반 자전거 중 바퀴의 크기가 작은 미니벨로는 예쁜 디자인으로 유명하답니다. 경사가 가파르거나 험한 길을 오르내릴 때에는 MTB로 불리는 산악용 자전거가 알맞습니다.

특수용 자전거로는 경주에 쓰이는 사이클과 하이브리드가 있습니다. 핸들 모양이 아래로 둥글면 사이클, 핸들이 일자형 또는 갈매기형이면 하이브리드라고 합니다. 배터리를 이용하여 달리는 전동 자전거도 특수형 자전거에 속한답니다. 어린이들이 타는 어린이용 자전거는 바퀴가 두 개인 두발자전거와 세 개인 세발자전거가 있답니다.

자전거의 모양은 다르지만, 매연을 발생시키지 않는 친환경 교통수단이라는 공통점이 있답니다.

창의사고력 기초 다지기　계산능력 쑥~

다음 중 두 번째로 큰 수에 동그라미 해 보세요.

37×3 　 $99 \div 3$

25×4 　 $35 + 84$

22×2

27×2

$81 \div 9$

$59 + 67$

속독 정독

● 오늘의 읽기 자료입니다. 잘 읽고 문제를 풀어 보세요.

독일 통일의 주인공이 누구인지 아세요? 음, 잘 모르겠다고요? 그럼 독일 통일에 관한 이야기를 듣고, 그 주인공을 찾아보세요.

독일이 통일을 이룬 때는 1990년이에요. 이전에는 우리 남한과 북한처럼 동독과 서독으로 나뉘어져 있었답니다. 당시, 독일에게 통일이란 아주 먼 나라 이야기 같았지요. 그런데 1982년 초 매주 월요일 5시마다 동독의 라이프치히에 있는 한 교회에서 촛불이 켜지기 시작했어요. 성 니콜라이 교회의 퓌러 목사와 신도 7명이 독일 통일을 위한 기도회를 열었거든요. 교회 문에 걸린 '모든 사람을 위하여 열려 있음' 이라는 문구처럼, 사람들이 교회로 하나둘 모이기 시작했답니다.

1989년 수많은 사람들이 교회 벽에 촛불을 켰고, 늘 폭력이 없는 평화로운 집회를 열었어요. 촛불을 꺼트리지 않기 위해 두 손으로 촛불을 지켜야 했으니까요. 10월 9일에는 동독 당국에서 집회 참석자들을 무슨 방법을 써서라도 모두 체포하겠다고 선언했어요. 그런데, 당국의 발표에도 아랑곳없이 7만 명이 넘는 사람들이 교회 앞으로 모였어요. 경찰에게 대항할 그 어떤 무기도 들지 않은 채 말이에요. 전경과 경찰조차도 체포는커녕 사람들과 함께 대화를 나누며 집회를 바라보기만 했답니다. 이후 촛불은 동독 전체로 번졌고, 10월 30일에는 성 니콜라이 교회에 모인 사람들만도 57만 명이나 되었어요. 결국 11월 9일 동서독을 나누고 있던 장벽은 허물어졌고 이듬해 독일은 통일을 이루었답니다.

성 니콜라이 교회에서 처음 켜진 촛불은 일곱 개에 불과했어요. 하지만 수십만 개의 촛불로 번져 결국 통일을 이루어 냈지요. 그러니까, 독일 통일의 주인공은 바로 촛불이랍니다.

❶
핵심어
찾기

다음 어휘들 중에 위 글에 나온 어휘가 있으면 빈칸에 동그라미 하세요. 동그라미 한 어휘들이 위 글의 주제와 가장 관련이 높은 핵심어입니다.

문제 개수 6 개

맞은 개수 ⬜ 개

틀린 개수 ⬜ 개

폭도	독일 통일	프랑스	촛불	평화로운	성 니콜라이 교회

130

♥ 다음 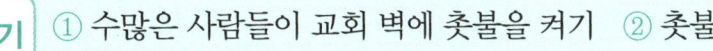 보기 를 이용해서 ❷~❸번 문제를 풀어 보세요.

보기
① 수많은 사람들이 교회 벽에 촛불을 켜기 ② 촛불은 동독 전체로 번져
③ 라이프치히에 있는 성 니콜라이 교회 ④ 7만이 넘는 사람들이 촛불을 들고
⑤ 수단과 방법을 가리지 않고 집회 참석자들을 체포
⑥ 퓌러 목사와 신도 7명이 모여 ⑦ 늘 폭력이 없는 평화로운 집회
⑧ 동서독을 나누던 장벽이 허물어졌고

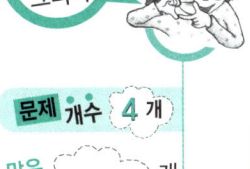

❷ 글의 짜임 그리기

문제 개수 **4** 개

맞은 개수 ◯ 개

틀린 개수 ◯ 개

다음은 위 글의 내용을 한눈에 볼 수 있도록 정리한 표입니다. ㉮~㉱에 보기 의 ①~⑧을 알맞게 넣어 표를 완성해 보세요.

1982년 초 동독의 라이프치히에 있는 성 니콜라이 교회에서는 매주 월요일 5시면 촛불이 켜졌다. ㉮ 독일 통일을 위한 기도회가 시작되는 것이다.

→ 이후 사람들은 하나둘씩 교회로 모여들었고, 1989년에는 수많은 사람들이 교회 벽에 촛불을 켜기 시작했다. 촛불 집회는 ㉯ 였다.

↓

10월 9일 동독 당국은 수단과 방법을 가리지 않고 집회 참석자들을 체포하겠다고 발표했다. 그러나 당국의 발표에도 아랑곳없이 ㉰ 모였다. 전경과 경찰조차도 사람들과 대화를 나누며 집회를 바라보았다.

← 이후 촛불은 동독 전체로 번져, 10월 30일에는 성 니콜라이 교회에 57만이나 되는 촛불이 켜졌다. 결국 11월 9일 ㉱ , 이듬해에는 통일을 이루었다.

❸ 요약 하기

문제 개수 **4** 개

맞은 개수 ◯ 개

틀린 개수 ◯ 개

다음은 위 글의 중심 내용을 요약한 것입니다. ㉮~㉱에 보기 의 ①~⑧을 알맞게 넣어 요약 글을 완성해 보세요.

　1982년 초, 동독의 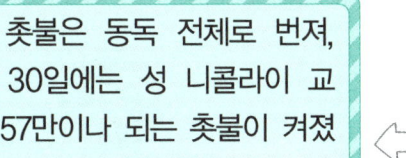 ㉮ 에서는 매주 월요일 5시면 촛불을 켜고 퓌러 목사와 신도 7명이 모여 독일 통일을 위한 기도회를 열었다. 이후, 사람들은 하나둘씩 교회로 모여들었고, 1989년에는 ㉯ 시작했다. 촛불 집회는 늘 폭력이 없는 평화로운 집회였다. 같은 해 10월 9일 동독 당국은 ㉰ 하겠다고 발표했다. 그러나 7만이 넘는 사람들이 촛불을 들고 모였고 전경과 경찰조차도 사람들과 대화를 나누었다. 이후 ㉱ , 10월 30일에 성 니콜라이 교회에 켜진 촛불만도 75만개나 되었다. 결국, 11월 9일 동서독을 나누던 장벽이 허물어지고, 이듬해에 독일은 그렇게 바라던 통일을 이루게 되었다.

4
달기

문제 개수 4 개

맞은
개수 개

틀린
개수 개

다음은 위 글의 제목 후보입니다. 먼저, 위 글의 제목으로 가장 알맞은 것을 골라 빈칸에 ○를 하세요. 그런 다음, 주어진 조건에 맞게 ×, △, □를 표시하세요. (단, ○는 딱 한 개만 고르세요.)

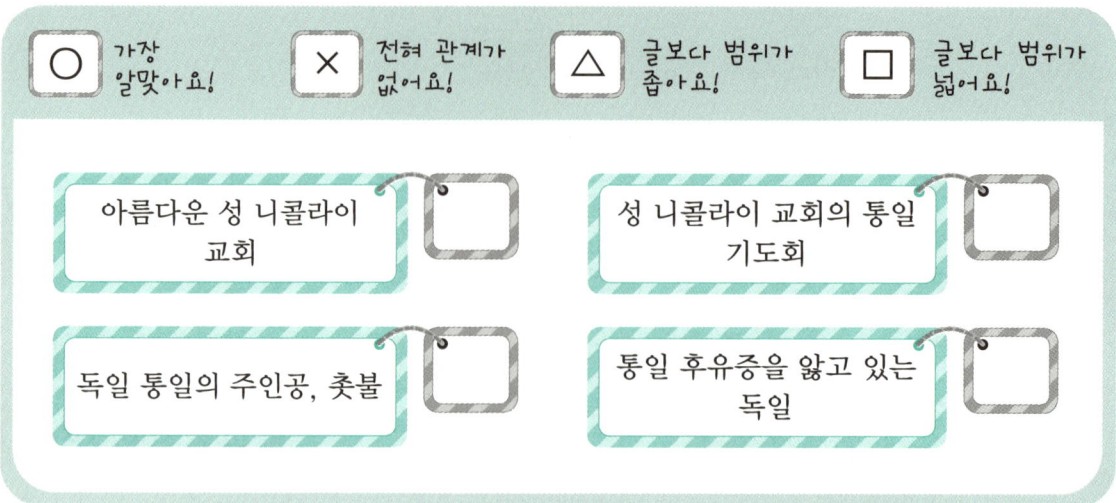

○ 가장 알맞아요!   × 전혀 관계가 없어요!   △ 글보다 범위가 좁아요!   □ 글보다 범위가 넓어요!

| 아름다운 성 니콜라이 교회 | | 성 니콜라이 교회의 통일 기도회 | |
| 독일 통일의 주인공, 촛불 | | 통일 후유증을 앓고 있는 독일 | |

총 문제 개수 18 개   총 맞은 개수 ◯ 개   총 틀린 개수 ◯ 개

글을 읽고 나서 오늘 공부를 신나게 시작하자고!

상식 쑥쑥 키우는

72

조상들의 날씨 측정 도구

조선 시대의 대표적인 기상 관측기구로는 측우기가 있습니다. 조상들은 측우기로 비가 얼마나 왔는지를 측정했답니다. 그런데, 우리 조상들은 바람에 대해서도 조사를 했답니다.

우리 조상들은 바람의 방향과 세기를 측정하기 위해서 풍기를 이용했답니다. 1770년 5월 기록에 따르면 궁궐 안과 서운관에 각기 풍기대가 세워져 오랫동안 바람 관측을 했다고 적혀 있답니다. 이는 옛날에는 바람의 관측을 위해 나무에 풍기를 매어 사용했으나, 1770년 5월에 들어 창덕궁과 경희궁 안에 돌을 세우고 그 위에 바람을 관측하는 깃대를 꽂았다는 뜻이랍니다.

풍기 이외에도 풍신기라는 바람을 알리는 깃발을 사용하였는데, 모든 배는 상풍기라는 깃발을 반드시 세워 놓아야만 했답니다. 당시 배를 움직이기 위해서는 바람을 이용해야 했기 때문에 바람의 방향을 알 수 있는 깃발을 꼭 갖추도록 한 것이랍니다.

132

5·6학년 기본 III

정답

01회 13쪽~16쪽

퍼즐

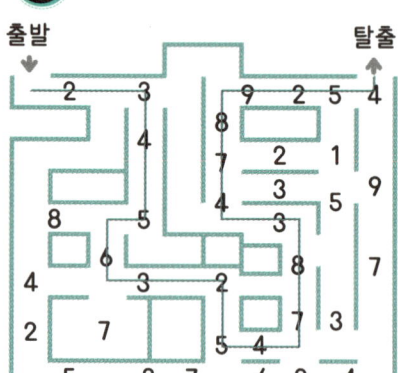

정답

① **핵심어 찾기** ○, ○, ×, ○, ×, ○

② **글의 짜임 그리기**

- 가－⑥ 정보 전달과 학습의 기능
- 나－① 비만과 시력 저하의 원인
- 다－④ 숙제를 끝낸 뒤 본다.
- 라－② 프로그램이 끝나면 반드시 끈다.

③ **요약 하기**
- 가－⑤ 성적 저하와 폭력성의 원인
- 나－③ 다양한 활동

④ **제목 달기** △, ○, ×

해설

제시문 정리하기

제시문은 '바보상자'로 취급되는 텔레비전에 관한 내용입니다. 텔레비전의 좋은 점으로는 정보 전달과 학습의 기능, 오락의 기능을 들 수 있습니다. 그러나 비만과 시력 저하의 원인일 뿐만 아니라, 아이들의 성적 저하와 폭력성의 원인도 됩니다. 또한 가족 간의 대화가 사라지게 만들기도 합니다.

따라서 다음과 같은 바람직한 시청 방법을 지켜야 합니다. 우선, 숙제를 다 마친 뒤 봅니다. 보고 싶은 프로그램을 미리 정해 보고, 끝나면 반드시 꺼야 합니다. 밥을 먹거나 친구들과 놀 때에는 절대 켜지 않습니다. 주말에는 가족들과 TV 시청 외에 다른 활동을 합니다. 이 시청 방법만 지킨다면, 텔레비전을 '천재 상자'로 만들 수 있습니다.

④ **제목 달기**

▶ **텔레비전의 장단점** : 본문에서는 텔레비전의 장단점에 대해 소개하고 있습니다. 하지만, 글 내용의 일부이므로 이 글의 제목으로는 범위가 좁습니다.

▶ **텔레비전의 장단점과 바른 시청 방법** : 본문에서는 텔레비전의 장단점과 함께 바른 시청 방법에 대해서도 나와 있습니다. 따라서 이 글의 제목으로 가장 알맞습니다.

▶ **텔레비전의 역사** : 본문에 소개된 내용이 아니기 때문에 이 글과는 관계가 없는 제목입니다.

02회 17쪽~20쪽

퍼즐 7개, 5개

정답

① **핵심어 찾기** TV 안 보기 운동

② **글의 짜임 그리기**

- 가－⑤ 사고력 저하의 원인
- 나－② 거실 도서실 만들기
- 다－③ 대화 시간 갖기
- 라－④ 건강과 행복

---

③ **요약 하기**
- 가－⑥ 비만의 원인
- 나－① TV 안 보기 운동

④ **제목 달기**

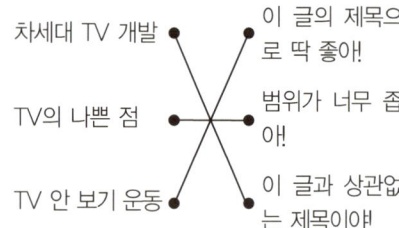

차세대 TV 개발 · · 이 글의 제목으로 딱 좋아!

TV의 나쁜 점 · · 범위가 너무 좁아!

TV 안 보기 운동 · · 이 글과 상관없는 제목이야!

해설

제시문 정리하기

제시문은 'TV 안 보기 운동'에 대한 기사문 형식의 글입니다. TV는 비만의 원인이며, 대화 부족과 사고력 저하의 원인이 됩니다. 이런 이유로 'TV 안 보기 운동'을 실천하는 가정이 늘고 있습니다. 지혜네 가족도 그중 하나입니다. 거실을 도서실로 만들고, 저녁에는 TV시청 대신 운동을 하고, 가족 간의 대화 시간을 가졌습니다. 지금, 지혜네 가족은 건강과 행복을 되찾았습니다.

④ **제목 달기**

▶ **차세대 TV 개발** : 본문에서는 차세대 TV의 개발에 대한 내용이 나와 있지 않습니다. 따라서 이 글의 내용과는 상관없는 제목입니다.

▶ **TV의 나쁜 점** : 본문은 TV의 나쁜 점에 대해 소개하고 있지만, 글 내용의 일부입니다. 그러므로 이 글의 제목으로는 범위가 좁습니다.

▶ **TV 안 보기 운동** : 본문은 TV 안 보기 운동에 대한 기사문 형식의 소개하는 글입니다. 따라서 이 글의 제목으로 가장 적합합니다.

03회 21쪽~24쪽

퍼즐  11g, 19g

정답

① **핵심어 찾기** ○, ○, ×, ○, ○, ×

② **글의 짜임 그리기**
㉮–① 광고를 금지하라
㉯–④ 아동 비만의 주원인이다.
㉰–② 거짓인지 아닌지를 판단할 수 없다.
㉱–⑤ 물건을 선택할 권리가 있다.

③ **요약 하기**
㉮–③ 패스트푸드의 TV 광고
㉯–⑥ 스웨덴 등 유럽 국가에서는

④ **제목 달기** 패스트푸드의 TV 광고와 어린이

해설

제시문 정리하기

제시문은 패스트푸드의 TV 광고에 대한 인터뷰 형식의 글입니다. 패스트푸드의 TV 광고는 어린이에게 커다란 영향을 주고 있습니다. 따라서 패스트푸드 광고를 두고 의견이 맞서고 있습니다. 금지를 주장하는 이들은, 패스트푸드의 TV 광고가 아동 비만의 주원인이며, 어린이가 광고 내용이 거짓인지 아닌지를 판단할 수 없다고 합니다. 반면, 비만의 원인은 운동 부족이며, 어린이도 광고를 보고 물건을 선택할 권리가 있다고 광고의 허용을 주장하고 있습니다. 현재, 스웨덴 등 유럽 국가에서는 패스트푸드의 TV 광고를 금지하고 있습니다. 그렇다면 우리도 한번쯤 이 문제에 대해 생각해 보았으면 합니다.

④ **제목 달기**

▶ **패스트푸드의 TV광고와 어린이** : 본문에서는 패스트푸드의 TV 광고에 대한 상반된 의견을 소개하고 있습니다. 패스트푸드의 TV 광고가 어린이에게 큰 영향을 미치므로 금지해야 한다는 주장과 허용해도 된다는 의견이 팽팽하게 맞서고 있습니다. 따라서 주어진 낱말을 이용하면, '패스트푸드의 TV 광고와 어린이'가 가장 알맞습니다.

04회 25쪽~28쪽

퍼즐 ○

정답

① **핵심어 찾기** 사춘기

② **글의 짜임 그리기**
㉮–① 마음의 변화
㉯–④ 가슴이 나오고 월경을 시작함
㉰–② 변성기와 함께 어깨와 근육이 발달
㉱–③ 자연스러운 현상
㉲–⑦ 운동과 독서

③ **요약 하기**
㉮–⑤ 13~15살에 시작한다.
㉯–⑥ 외모에 대한 관심과 성에 대한 호기심
㉰–⑧ 기분이 변덕스러워지고

④ **제목 달기** △, ×, ○, □

해설

제시문 정리하기

제시문은 몸과 마음의 변화가 큰 시기인 사춘기에 대한 내용입니다. 남자는 13~15살에 사춘기를 시작합니다. 변성기와 함께 어깨와 근육이 발달하며, 몸에 털이 나고 몽정을 하기도 합니다. 여자는 11~13살쯤 시작합니다. 가슴이 나오고 월경을 시작하며 몸에 털이 납니다. 마음의 변화로는 외모에 대한 관심과 성에 대한 호기심이 높아집니다. 또한 기분이 변덕스러워지고 때로는 혼자 있고 싶어 합니다. 사춘기는 누구나 겪는 자연스런 현상이므로, 운동과 독서를 하면서 보내면 큰 도움이 됩니다.

④ **제목 달기**

▶ **사춘기와 소년** : 본문은 사춘기에 대한 내용으로 남자의 몸과 마음의 변화에 대해 소개하고 있습니다. 하지만, 글 내용의 일부이므로 제목으로 하기에는 범위가 좁습니다.

▶ **또 다른 사춘기의 시작** : 본문에서는 청소년 시기의 사춘기에 대해 소개하고 있

습니다. 따라서 이 글의 내용과는 전혀 관계가 없습니다.

▶ **사춘기의 특징** : 본문에서는 사춘기의 특징에 대해 소개하고 있습니다. 따라서 이 글의 제목으로 가장 알맞습니다.

▶ **청소년의 사춘기** : 본문에서는 사춘기의 특징에 대해서만 소개하고 있으므로, 이 글의 제목으로 하기에는 범위가 넓습니다.

05회 29쪽~32쪽

퍼즐 (1) 1 (2) 5, 2 (3) 2, 2 (4) 5, 2, 2

정답

① **핵심어 찾기** ×, ○, ○, ○, ○

② **글의 짜임 그리기**
㉮–① 운동하기
㉯–④ 취미 활동하기
㉰–③ 기분이 좋아진다.
㉱–⑤ 악기 연주, 그림 그리기, 등산
㉲–② 더 많이 이해받을 수 있다.

③ **요약 하기**
㉮–⑥ 친구들과 대화를 나누는 것
㉯–⑧ 짜증을 잊을 수 있다.
㉰–⑦ 서로 도와가며 실천

④ **제목 달기**

사춘기 잘 보내는 법 ——— 이 글의 제목으로 딱 좋아!

사춘기와 취미 생활 ——— 범위가 너무 좁아!

사춘기의 신체적 변화 ——— 이 글과 상관없는 제목이야!

해설

제시문 정리하기

제시문은 사춘기를 잘 보내는 방법에 대해 소개하고 있습니다. 운동하기, 독서하기, 취미 활동하기, 대화하기는 사춘기를 잘 보내

기 위해서 알아두어야 할 것들입니다.

먼저, 친구들과 운동을 하고 나면 기분이 좋아집니다. 책을 읽고 친구들과 이야기를 나누어도 좋습니다. 그리고 악기 연주나 그림 그리기 또는 등산 등의 다양한 취미 활동을 하면 짜증을 덜 느끼게 됩니다. 마지막으로, 가족과 많은 대화를 나눌수록 더 많이 이해받을 수 있습니다. 사춘기를 잘 지낼 수 있도록 서로 도와야 합니다.

④ 제목 달기

▶ **사춘기 잘 보내는 법** : 본문에서는 사춘기를 잘 보내는 방법에 대해 소개하고 있습니다. 따라서 이 글의 제목으로 가장 알맞습니다.

▶ **사춘기와 취미 생활** : 본문에서는 취미 생활은 사춘기를 잘 지내는 방법 중의 하나입니다. 그러므로 이 글의 제목으로는 범위가 좁습니다.

▶ **사춘기의 신체적 변화** : 본문에서는 사춘기의 신체적 변화에 대해서는 다루지 않습니다. 따라서 이 글의 내용과는 상관없는 제목입니다.

06 회 33쪽~36쪽

 9개

① 핵심어 찾기 ○, ○, ×, ×, ○, ○

② 글의 짜임 그리기 ㉮-③ 예절 바른 언어 사용하기

㉯-① 부모님에게 이성 친구 소개하기

㉰-⑥ 늦은 시간 전화하거나 문자 보내기

㉱-⑤ 싫어하는 별명 부르기

③ 요약 하기 ㉮-④ 옷차림을 단정하게 하기

㉯-② 사귄다며 소문을 내거나

④ 제목 달기 ×, ○, □

 해설

제시문 정리하기

제시문은 이성 친구를 대하는 예절을 소개하고 있습니다. 이성 친구를 대하는 데에는 특별한 예절이 있습니다. 예절 바른 언어 사용하기, 상대방 의견 존중하기, 옷차림을 단정하게 하기, 부모님에게 이성 친구 소개하기 등입니다. 그러나 늦은 시간 전화하거나 문자를 보내거나, 누구랑 누구랑 사귄다며 소문을 내거나, 신체를 대상으로 놀리고, 싫어하는 별명을 계속 부르는 것은 이성 친구에 대한 예절이라 할 수 없습니다.

④ 제목 달기

▶ **이성 친구 사귀는 방법** : 본문에서는 이성 친구를 사귀는 방법에 대해서는 나와 있지 않습니다. 따라서 이 글의 내용과는 전혀 관계가 없습니다.

▶ **이성 친구에 대한 예절** : 본문에서는 이성 친구를 사귈 때에 지켜야 할 예절을 소개하고 있습니다. 따라서 이 글의 제목으로 알맞습니다.

▶ **친구에 대한 예절** : 본문에서는 친구 중 이성 친구를 사귈 때 지켜야 할 예절에 대해 소개하고 있습니다. 따라서 이 글의 제목으로는 범위가 넓습니다.

07 회 37쪽~40쪽

 ① 4, ② 5, ③ 1, ④ 4, ⑤ 2, ⑥ 1

① 핵심어 찾기 신재생 에너지

② 글의 짜임 그리기 ㉮-⑦ 기존의 화석 연료를 변화시켜 이용하는 에너지

㉯-② 수력 발전, 태양열, 풍력 발전, 바이오 에너지

㉰-④ 기술을 자원으로 하는

㉱-① 청정 에너지

③ 요약 하기 ㉮-⑧ 화석 연료를 대신할 새로운 대체 에너지

㉯-⑥ 신에너지와 대체 에너지

㉰-⑤ 계속 되풀이해서 사용할 수 있는 에너지

㉱-③ 미래를 대비하는 미래 에너지

④ 제목 달기 ○, ×, □, △

 해설

제시문 정리하기

제시문은 화석 연료를 대신할 대체 에너지인 신재생 에너지에 대한 내용입니다. 신재생 에너지는 현재 우리가 사용하고 있는 화석 연료를 대신할 새로운 대체 에너지로, 그 종류에는 신에너지와 대체 에너지가 있습니다. 신에너지는 연료 전지와 수소 에너지처럼 기존의 화석 연료를 변화시켜 이용합니다. 대체 에너지는 계속 되풀이해서 사용할 수 있는 에너지로 수력 발전, 태양열, 풍력 발전, 바이오 에너지 등이 있습니다. 신재생 에너지는 기술을 자원으로 하는 기술 에너지, 미래를 대비하는 미래 에너지, 되풀이해서 사용하는 재생 에너지, 지구 환경을 위한 청정 에너지라는 특징을 지니고 있습니다.

④ 제목 달기

▶ **미래의 에너지, 신재생 에너지** : 본문에서는 화석 연료를 대체할 미래의 에너지로 신재생 에너지를 소개하고 있습니다. 따라서 이 글의 제목으로 가장 알맞습니다.

▶ **바이오 에너지의 미래** : 본문에서는 바이오 에너지의 미래에 대해서 구체적으로 나와 있지 않습니다. 따라서 이 글의 내용과는 전혀 관계가 없는 제목입니다.

▶ **대체 에너지의 종류** : 본문에서는 대체 에너지의 하나인 신재생 에너지에 대해 소개하고 있으므로, 이 글의 제목으로는 범위가 넓습니다.

▶ **신재생 에너지의 종류** : 본문에서는 신재생 에너지의 종류에 대해 소개하고 있습니다. 그러나 글 내용의 일부입니다. 따라서 이 글의 제목으로는 범위가 너무 좁습니다.

 ④, ①

 정답

① 핵심어 찾기 ○, ×, ○, ×, ○, ○

② 글의 짜임 그리기 ㉮-④ 지구 온난화의 주
범이다.
㉯-① 쓰레기
㉰-② 메탄가스와 열로
전기를 만든다.
㉱-⑥ 바이오 에너지 기
술의 발달

③ 요약 하기 ㉮-③ 화석 연료를 대신할 대
체 에너지
㉯-⑤ 비료로 사용

④ 제목 달기 △, ○, ×

 해설

제시문 정리하기

제시문은 똥을 이용한 바이오 에너지에 관
한 내용을 소개하고 있습니다. 더럽게만 여
기는 똥이 귀하신 몸이 되고 있습니다. 바이
오 에너지 기술의 발달로 화석 연료를 대신
할 대체 에너지로 떠오르고 있는 것입니다.
과거에는 똥에서 발생하는 메탄가스를 지구
온난화의 주범으로 여겼기 때문에, 쓰레기
처럼 먼바다 깊은 곳에 묻어 버렸습니다. 그
러나 오늘날에는 똥의 메탄가스와 열을 이
용해 전기를 만들어 냅니다. 또한 전기를 다
만든 등에는 비료로 사용하고 있습니다. 똥
을 이용한 바이오 에너지는 원자력 발전소
를 대신할 것으로 평가받고 있습니다.

④ 제목 달기

▶ **똥의 처리 과정** : 본문에서는 똥을 이용
한 바이오 에너지에 대한 내용으로, 똥의
처리 과정에 대해 잠깐 소개하고 있습니
다. 따라서 이 글의 제목으로는 범위가
좁습니다.

▶ **전기를 만드는 똥** : 본문에서 똥에서 발
생되는 메탄가스와 열을 이용해 전기를

만드는 바이오 에너지에 대해 소개하는
글입니다. 그러므로 이 글의 제목으로
가장 알맞습니다.

▶ **원자력 발전소의 문제점** : 본문에서는 원
자력 발전소의 문제점에 대해서는 직접
적으로 나와 있지 않습니다. 따라서 이
글의 내용과는 전혀 관계가 없습니다.

 ④

정답

① 핵심어 찾기 자전거 마일리지 운동

② 글의 짜임 그리기 ㉮-③ 에너지 문제 해결
㉯-① 건강 문제 해결
㉰-② 해로운 공해 물질
㉱-④ 생활 속에서 자전
거를 타는

③ 요약 하기 ㉮-⑥ 버스(Bus)나 자전거
(Bicycle), 지 하 철
(Metro), 도보(Walking)
㉯-⑤ 도시의 환경을 지키기
위해

④ 제목 달기

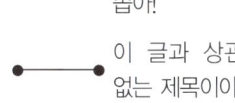

자전거 마일리지
운동의 장점

'BMW족'의 자
전거 자랑

자전거 도로의
필요성

이 글의 제목
으로 딱 좋아!

범위가 너무
좁아!

이 글과 상관
없는 제목이야!

 해설

제시문 정리하기

제시문은 자전거 타기가 가져다 주는 여러
가지 좋은 점에 대해 소개하고 있는 글입니
다. 요즘 교통수단으로 버스(Bus)나 자전거

(Bicycle), 지하철(Metro), 도보(Walking)를
이용하는 사람들을 뜻하는 'BMW족'이란
신조어가 생겨났습니다. 이들은 자전거를
자동차가 일으키는 모든 문제를 한번에 해
결한다고 주장합니다. 자전거는 에너지와
공해 문제를 해결하고, 건강에도 큰 도움을
준다고 말합니다. 또한 BMW족은 도시의
환경을 지키기 위해 생활 속에서 자전거를
타는 '자전거 마일리지 운동'을 실천하고
있습니다.

④ 제목 달기

▶ **자전거 마일리지 운동의 장점** : 본문에서
는 자전거 타기가 가져오는 장점과 함께
자전거 마일리지 운동을 소개하고 있습
니다. 따라서 이 글의 제목으로 가장 알
맞습니다.

▶ **'BMW족'의 자전거 자랑** : 본문에서는
자전거 타기의 장점에 대해 소개하고 있
지만, 글 내용의 일부입니다. 따라서 이
글의 제목으로는 범위가 좁습니다.

▶ **자전거 도로의 필요성** : 본문에서는 자전
거 도로의 필요성에 대해 나와 있지 않
습니다. 따라서 이 글의 내용과는 상관없
는 제목입니다.

 ① 6, ② 4, ③ 2, ④ 1, ⑤ 6, ⑥ 3

정답

① 핵심어 찾기 ○, ○, ○, ×, ×, ○

② 글의 짜임 그리기 ㉮-⑥ 프랑스의 알자스
지방
㉯-② 뇌관 제거하기
㉰-③ 앞으로 500년 동안

③ 요약 하기 ㉮-⑤ 폭탄 제거반 공무원
㉯-④ 지뢰와 수류탄, 대형 폭탄
㉰-① 3단계 원칙

④ 제목 달기 ×, ○, △, □

제시문 정리하기

제시문은 프랑스의 폭탄 제거반에 대해 소개하는 글입니다. 프랑스의 알자스 지방에는 지금도 날마다 폭탄을 제거하러 다니는 폭탄 제거반 공무원이 있습니다. 2차 세계 대전 당시 매우 격렬한 전투 지역이었던 이 지역에는 아직도 여러 종류의 지뢰와 수류탄, 대형 폭탄 등이 땅속 곳곳에 묻혀 있기 때문입니다. 폭탄 제거반은 3단계 원칙에 따라 임무를 수행하고 있습니다. 1단계로 폭탄을 찾아내고, 2단계로 폭탄의 뇌관을 제거하고, 3단계로 폭탄을 안전한 곳으로 옮기는 것입니다. 앞으로도 500년이나 폭탄 제거반의 임무는 계속될 것으로 예상하고 있습니다.

4 제목 달기

▶ **지뢰 폭발과 아이들** : 본문은 프랑스의 폭탄 제거반에 관한 이야기입니다. 따라서 이 글의 내용과는 전혀 관계가 없는 제목입니다.

▶ **프랑스의 폭탄 제거반** : 본문은 프랑스 알자스 지방의 폭탄 제거반에 관한 내용이므로, 이 글의 제목으로 가장 알맞습니다.

▶ **알자스 지방의 폭탄** : 본문에서는 프랑스 알자스 지방에 폭탄이 묻혀 있는 이유에 대해 설명하고 있지만, 글 내용의 일부입니다. 따라서 이 글의 제목으로는 범위가 좁습니다.

▶ **영원히 계속되는 전쟁의 피해** : 본문에서 소개된 알자스 지방의 폭탄 제거반은 전쟁으로 인한 피해의 일부분입니다. 따라서 이 글의 제목으로는 범위가 넓습니다.

1 핵심어 찾기   제우스의 휴전

---

2 글의 짜임 그리기   **가**-⑥ 고대 올림픽의 경기가 열리는 때

나-② 올림픽 참가를 위해 여행을 하는 선수와 관람객 보호

다-④ 올림픽 개·폐막의 전후 일주일

3 요약 하기   **가**-① 스페인과 멀리 북아프리카의 식민 국가

나-⑤ 평화 기간

다-③ 올림픽 휴전

4 제목 달기

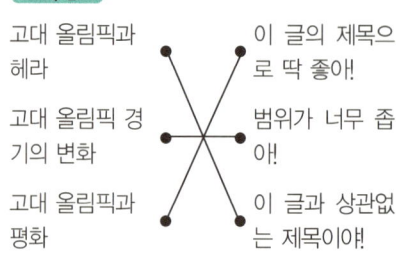

제시문 정리하기

제시문은 '제우스의 휴전'에 대해 소개하고 있습니다. 기원전 776년 시작된 고대 올림픽은 '제우스의 휴전'이라는 전통이 있었습니다. '제우스의 휴전'이 선포되면 올림픽 경기가 열리는 동안 모든 전쟁을 멈추어야 했습니다. 그리스는 물론 스페인과 멀리 북아프리카의 식민 국가까지 3개월 동안의 평화 기간을 지켰습니다. 올림픽 참가를 위해 그리스까지 긴 여행을 해야 하는 선수와 관람객을 보호하기 위한 것으로, 1천 2백년 동안 단 한 번도 어기지 않고 지켜졌답니다. 오늘날에도 국제 올림픽 위원회는 올림픽 개·폐막의 전후 일주일과 올림픽 기간 동안에는 전쟁을 멈추자는 '올림픽 휴전'을 제안하고 있습니다. '제우스의 휴전'의 전통이 오늘날까지 계속 이어지고 있는 것입니다.

4 제목 달기

▶ **고대 올림픽과 헤라** : 본문은 고대 올림픽의 전통인 '제우스의 휴전'에 대해 소개하고 있으므로, 이 글의 내용과는 전혀 상관없는 제목입니다.

▶ **고대 올림픽 경기의 변화** : 본문에서는 고대 올림픽의 경기가 변화된 과정을 소개

하고 있지만, 글 내용의 일부분입니다. 따라서 이 글의 제목으로는 범위가 너무 좁습니다.

▶ **고대 올림픽과 평화** : 본문에서는 고대 올림픽의 평화 전통인 '제우스의 휴전'에 대해 소개하고 있습니다. 따라서 이 글의 제목으로 알맞습니다.

퍼즐   [보기] ❶ 4개, [보기] ❷ 9개

정답

1 핵심어 찾기   ○, ×, ○, ○, ×, ○, ○

2 글의 짜임 그리기   **가**-③ 수단 내전

나-② 가시덤불에 비닐을 덮은 임시 거처

다-⑥ 민병대에 의해 가족을 잃고

라-① 어린이들

3 요약 하기   **가**-④ 가족과 삶의 터전을 모두 잃은 사람들

나-⑧ 설사병에도 죽는 경우가 많다.

다-⑤ 아메드 형제

라-⑦ 희망도 기쁨

4 제목 달기   □, ×, △, ○

제시문 정리하기

제시문은 전쟁과 어린이에 관한 내용으로, 아메드 형제에 관한 이야기입니다. 수단 카스의 난민촌에는 수많은 난민들이 몰려들고 있습니다. 이들은 수단 내전으로 인해 순식간에 가족과 삶의 터전을 잃었습니다. 난민촌의 생활은 너무나도 비참합니다. 가시덤불에 비닐을 겨우 덮은 임시 거처에서 생활하는데, 음식과 물이 부족하고, 의약품 부족으로 설사병에도 죽을 수 있습니다. 이곳에 온 지 일주일 된 아메드 형제는 민병대에 의해 엄마와 아빠를 잃었습니다. 형제는 난

민촌에서 웃음을 잃은 채 하루하루를 고통스럽게 지내고 있습니다. 전쟁의 최대 피해자는 아메드 형제와 같은 어린이들입니다. 희망도 기쁨도 모두 잃어버린 채, 비참하게 생활하고 있습니다.

4 제목 달기

▶ **전쟁의 피해** : 본문은 전쟁의 최대 피해자인 어린이들에 관한 이야기입니다. 이는 전쟁이 주는 피해 중의 하나입니다. 따라서 이 글의 제목으로는 범위가 넓습니다.

▶ **희망이 솟아나는 난민촌** : 본문에서는 난민촌 생활의 비참함에 대해 소개하고 있습니다. 따라서 이 글의 내용과는 전혀 관계가 없습니다.

▶ **수단 내전과 민병대** : 본문에서는 수단 내전에서 민병대가 행하는 잔혹한 행위에 대해 잠깐 소개하고 있습니다. 따라서 이 글의 제목으로는 범위가 좁습니다.

▶ **전쟁의 최대 피해자 어린이** : 본문에서는 아메드 형제를 통해 전쟁의 최대 피해자를 어린이들이라고 설명하고 있습니다. 따라서 이 글의 제목으로 가장 알맞습니다.

13회 61쪽~64쪽

 퍼즐 ❷

 정답

1 핵심어 찾기 금의환향

2 글의 짜임 그리기
가-① 항우
나-③ 고향인 초나라의 팽성
다-② 비단옷을 입고 밤길을 가는 것
라-⑦ 유방

3 요약 하기
가-⑧ 진나라의 수도 함양을 점령한 뒤
나-⑤ 한생
다-⑥ 천하를 다스리려면 함양을 도읍지로

라-④ 고향인 팽성으로 금의 환향

4 제목 달기 □, ○, ×, ×

 해설

제시문 정리하기

제시문은 금의환향에 얽힌 이야기입니다. 항우는 진나라의 수도 함양을 점령한 뒤, 진의 어린 왕자를 죽이고 궁전을 불태우는 등 아주 포악하게 행동했습니다. 항우는 파괴된 함양 대신 고향인 팽성으로 도읍을 옮기려 했지요. 그러자, 한생이 천하를 다스리려면 함양을 도읍지로 해야 한다며 반대를 했습니다. 항우는 '성공하고 고향으로 가지 않는 것은, 비단옷을 입고 밤길을 가는 것'이라며, 한생을 죽이고 고향인 팽성으로 금의환향을 했습니다. 금의환향의 욕심 때문에 함양을 포기한 항우는 훗날 크게 후회하고 맙니다. 유방과의 전투에서 지고, 목숨까지 내놓아야 했기 때문이랍니다.

4 제목 달기

▶ **삼국지와 고사성어** : 본문은 항우에 얽힌 금의환향에 관한 이야기로, 삼국지에 나오는 고사성어 중에 하나입니다. 따라서 이 글의 제목으로는 범위가 너무 넓습니다.

▶ **항우와 금의환향** : 본문은 항우에 얽힌 금의환향에 관한 이야기로, 이 글의 제목으로 알맞습니다.

▶ **천하를 통일한 유방** : 본문은 금의환향에 관한 이야기입니다. 게다가 유방이 천하를 통일했다는 직접적인 내용은 나오지 않습니다. 따라서 이 글의 내용과는 관계가 없는 제목입니다.

▶ **유방과 금의야행** : 금의야행을 말한 사람은 유방이 아니라 항우입니다. 따라서 이 글의 내용과는 전혀 관계가 없는 제목입니다.

14회 65쪽~68쪽

 퍼즐 458, 627

 정답

1 핵심어 찾기 고향

2 글의 짜임 그리기
가-④ 태어나서 자란 곳
나-① 추억이 깃든 곳
다-③ 엄마 품 같은 곳
라-⑤ 아파트, 학교

3 요약 하기
가-② 고향
나-⑥ 지금 내가 살고 있는 동네
다-⑦ 마음을 위로해 주고 힘을 북돋아 주는

4 제목 달기

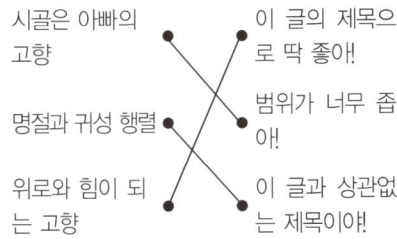

시골은 아빠의 고향 ● ────── ● 이 글의 제목으로 딱 좋아!
명절과 귀성 행렬 ● ────── ● 범위가 너무 좁아!
위로와 힘이 되는 고향 ● ────── ● 이 글과 상관없는 제목이야!

 해설

제시문 정리하기

제시문은 고향이란 어떤 곳이고, 얼마나 우리에게 소중한 곳인지 소개하는 글입니다. 고향이란 태어나서 자란 곳으로 추억이 깃든 곳이면 어디든 고향이 될 수 있습니다. 아빠에게는 시골이, 나에게는 지금 살고 있는 동네가 그런 곳입니다. 따라서 시골이 아니더라도, 나의 많은 추억거리가 담긴 나의 동네를 고향이라고 생각해야 합니다. 왜냐하면 고향은 힘들고 지칠 때면 엄마 품처럼 위로를 주고 힘을 북돋아 주는 소중한 곳이기 때문입니다.

4 제목 달기

▶ **시골은 아빠의 고향** : 본문에서는 아빠가 태어나서 자라는 시골과 내가 살고 있는 동네를 비교하면서, 고향에 대해 설명하고 있습니다. 따라서 이 글의 제목으로는 범위가 좁습니다.

▶ **명절과 귀성 행렬** : 본문에서는 명절과 귀성 행렬에 관한 이야기가 구체적으로 나와 있지 않습니다. 따라서 이 글의 내용과는 관계가 없는 제목입니다.

▶ **위로와 힘이 되는 고향** : 본문에서는 고

향이란 위로와 힘이 되기 때문에 소중한 곳이라고 설명하고 있습니다. 따라서 이 글의 제목으로 가장 알맞습니다.

15회 69쪽~72쪽

 퍼즐 ❶ 5, ❷ 4, ❸ 15, ❹ 13

 정답

1 핵심어 찾기   추수 감사절

2 글의 짜임 그리기   ㉮-② 미국
ㄴ-⑥ 해마다 11월 넷째 주 목요일
ㄷ-③ 칠면조 요리와 호박 파이

3 요약 하기   ㉮-⑤ 인디언들에게 옥수수 재배법을 배워 첫 수확을 한 것을 기념하는 날
ㄴ-④ 장난감 퍼레이드와 밴드 행진
ㄷ-① 특별한 음식도 먹고 놀이도 하면서

4 제목 달기   ✕, ○, △, △

 해설

제시문 정리하기

제시문은 미국의 추수 감사절에 대해 소개하는 글입니다. 우리나라의 추석과 비슷한 명절이 미국에도 있습니다. 바로 추수 감사절입니다. 추수 감사절의 유래는 인디언들과 관계가 있습니다. 아메리카 대륙에 첫발을 디딘 사람들은 인디언들에게서 옥수수 재배법을 배워 첫 수확을 한 것을 기념하는 날입니다. 추수 감사절은 매년 11월 넷째 주 목요일입니다. 도시마다 장난감 퍼레이드와 밴드 행진이 시작되고, 사람들은 고향 집에 모여 특별한 음식도 먹고 놀이도 하면서 보낸답니다. 특히, 칠면조 요리와 호박 파이는 꼭 먹어야 하는 음식입니다.

---

4 제목 달기

▶ **추석과 추수 감사절의 비교** : 본문에서는 미국의 명절인 추수 감사절에 대해 소개하고 있지만, 우리나라의 추석과 비교하고 있지는 않습니다. 따라서 이 글의 내용과는 관계가 없는 제목입니다.

▶ **미국의 명절, 추수 감사절** : 본문은 미국의 명절인 추수 감사절에 대해 자세하게 소개하고 있으므로, 이 글의 제목으로 가장 알맞습니다.

▶ **추수 감사절의 특별한 음식** : 본문에서는 추수 감사절에 먹는 특별한 음식으로 칠면조 요리와 호박 파이를 소개하고 있지만, 글 내용의 일부입니다. 따라서 이 글의 제목으로는 범위가 좁습니다.

▶ **추수 감사절의 유래** : 본문에서는 추수 감사절의 유래를 인디언과 연관지어 소개하고 있습니다. 하지만 글 내용의 일부이므로 이 글의 제목으로는 범위가 좁습니다.

16회 73쪽~76쪽

 퍼즐 ⑤

 정답

1 핵심어 찾기   태음태양력

2 글의 짜임 그리기   ㉮-⑤ 태양의 움직임
ㄴ-③ 밀물과 썰물에 예민한 어업
ㄷ-④ 4년마다 한 번씩

3 요약 하기   ㉮-② 달 모양의 변화를 기준으로 한 태음력
ㄴ-⑧ 계절의 변화에 민감한 농업
ㄷ-⑦ 공짜로 생긴 윤달
ㄹ-① 공달, 덤달, 여벌달
ㅁ-⑥ 산소를 옮기거나 부모님의 수의를 샀다.

4 제목 달기   달과 태양이 함께 만든 태음태양력

 해설

제시문 정리하기

제시문은 우리 조상들의 지혜가 잘 나타나는 태음태양력에 대해 소개하는 글입니다. 태음태양력이란 달 모양의 변화를 기준으로 한 태음력과 태양의 움직임을 기준으로 한 태양력을 서로 보완한 날짜 계산법입니다. 태음력은 밀물과 썰물에 예민한 어업에, 태양력은 계절의 변화에 민감한 농업에 적합했습니다. 태음력은 1년을 354일로, 태양력은 365일로 보았는데, 그 차이인 11일을 보완하기 위해 윤달을 넣었습니다. 윤달은 4년마다 한 번씩 들었는데, '공달, 덤달, 여벌달'로 불리는 윤달이 들은 해는 1년이 13개월이었습니다. 윤달에는 탈이 나지 않는다고 여긴 조상들은, 윤달이 되면 산소를 옮기거나 부모님의 수의를 샀답니다.

4 제목 달기

▶ **달과 태양이 함께 만든 태음태양력** : 본문은 태음태양력에 대해 소개하는 글이므로, 주어진 단어를 이용하여 만든 '달과 태양이 함께 만든 태음태양력'이 가장 알맞은 제목입니다.

17회 77쪽~80쪽

 퍼즐

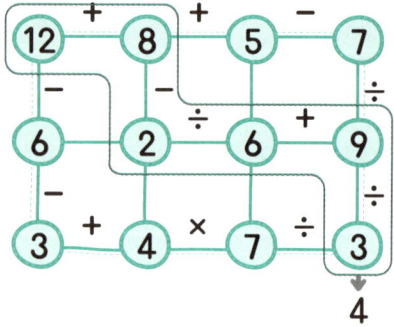

 정답

1 핵심어 찾기   약밥

2 글의 짜임 그리기   ㉮-① 불린 쌀을 채반에 쏟아 물기를 쪽 뺀다.

~~⑥~~ 흑설탕, 진간장, 식용유, 계핏가루, 소금, 대추, 밤을 넣고 잘 섞는다.

~~③~~ 참기름과 잣을 넣어 살살 섞는다.

③ 요약 하기

~~②~~ 신라 때부터 즐겨 먹던

~~④~~ 흑설탕, 진간장, 식용유, 계핏가루, 소금, 대추, 밤

~~⑤~~ 2컵 7부 정도의 밥물

④ 제목 달기

몸에 좋은 전통 음식 ╳ 이 글의 제목으로 딱 좋아!

약밥 만드는 방법 ╳ 범위가 너무 넓어!

꿀의 다양한 효능 ── 이 글과 상관없는 제목이야!

해설

제시문 정리하기

제시문은 몸에 좋은 음식인 약밥을 만드는 방법을 소개한 글입니다. 찰밥에다 대추, 밤, 잣, 꿀 등을 넣어서 만든 약밥은 신라 때부터 즐겨 먹던 아주 오래된 음식입니다. 재료로는 찹쌀 3컵, 흑설탕 1컵, 진간장 1숟가락, 식용유 2숟가락, 밤, 대추, 잣, 계핏가루, 소금을 준비합니다. 우선, 찹쌀을 한 시간쯤 물에 불린 뒤, 채반에 쏟아 물기를 쪽 뺐니다. 압력솥에 물기가 빠진 찹쌀을 담고, 흑설탕, 진간장, 식용유, 계핏가루, 소금, 대추, 밤을 함께 넣고 잘 섞습니다. 이제, 2컵 7부 정도의 밥물을 붓고 밥을 짓습니다. 밥이 다 되면, 그릇에 쏟아붓고 참기름과 잣을 넣어 살살 섞습니다. 마지막으로 먹기 좋은 크기로 떼어 내서 모양을 만들면 됩니다.

④ 제목 달기

▶ **몸에 좋은 전통 음식** : 본문은 약밥 만들기에 대해 소개하는 글로, 약밥은 몸에 좋은 전통 음식 중의 하나입니다. 따라서 이 글의 제목으로는 범위가 너무 넓습니다.

▶ **약밥 만드는 방법** : 본문에서는 약밥을 만드는 간단한 방법에 대해 소개하고 있습니다. 그러므로 이 글의 제목으로 가장 알맞습니다.

▶ **꿀의 다양한 효능** : 본문에서는 꿀의 다양한 효능에 대해서는 소개하고 있지 않습니다. 따라서 이 글의 내용과는 전혀 상관없는 제목입니다.

퍼즐

❶ ⬆ , ❷ ⬇ , ❸ ⬅

정답

① 핵심어 찾기 ◯, ◯, ✕, ◯, ◯, ◯

② 글의 짜임 그리기
~~④~~ 백중날
~~①~~ 음력 2월 1일
~~③~~ 백중 새경, 호미씻이
~~⑤~~ 감자떡

③ 요약 하기
~~⑧~~ 머슴들에게 한 해 농사를 잘 지어 달라고 부탁하는 날
~~②~~ 나이떡이라 불리는 송편
~~⑥~~ 여름내 수고한 머슴들을 위한 날
~~⑦~~ 한 해 농사가 잘된 집의 머슴을 황소 등에 태우고

④ 제목 달기 ◯, ✕, □, △

해설

제시문 정리하기

제시문은 세시풍속 중 머슴들을 위한 머슴날과 백중날에 대해 소개하는 글입니다. 머슴날은 음력 2월 1일로, 머슴들에게 한 해 농사를 잘 지어 달라고 부탁하는 날입니다. 이날은 낟가리대 쓰러뜨리기, 들돌들기를 하며, 나이떡이라고 불리는 송편과 콩을 볶아서 만든 콩범벅을 먹습니다. 음력 7월 15일 백중날은 머슴들의 잔칫날입니다. 추수를 앞두고 여름내 수고한 머슴들을 위한 날이거든요. 이날에는 백중 새경과 새 옷을 받는데, 특히 한 해 농사가 잘된 집의 머슴을 황소에 태우고 마을을 다니는 호미씻이를 합니다. 밀가루로 만든 부꾸미와 감자떡을 먹습니다.

④ 제목 달기

▶ **머슴들을 위한 특별한 날들** : 본문에서 머슴들을 위한 특별한 날인 머슴날과 백중날에 대해 소개하고 있으므로, 이 글의 제목으로 가장 알맞습니다.

▶ **머슴날의 민속놀이, 달집태우기** : 달집태우기는 정월 대보름날 하는 민속놀이입니다. 따라서 이 글의 내용과는 전혀 관계가 없습니다.

▶ **우리나라의 세시풍속** : 본문에서는 우리나라의 세시풍속 중의 하나인 머슴날과 백중날에 대해 소개하고 있습니다. 따라서 이 글의 제목으로는 범위가 너무 넓습니다.

▶ **백중날의 호미씻이** : 본문에서 백중날의 호미씻이를 소개하고 있지만, 그 내용의 일부입니다. 따라서 이 글의 제목으로는 범위가 너무 좁습니다.

퍼즐 ❷

정답

① 핵심어 찾기 ◯, ✕, ◯, ◯, ◯

② 글의 짜임 그리기
~~①~~ 옷감 · 올챙이 · 핏방울 등
~~⑤~~ 미생물

③ 요약 하기
~~⑥~~ 늘 돋보기로 옷감의 실을 들여다보았다.
~~②~~ 꼼지락거리고 있는 작은 벌레
~~③~~ 눈에 보이지 않는 조그마한 생물
~~④~~ 미생물학의 아버지

④ 제목 달기 △, △, ◯, ✕

해설

제시문 정리하기

제시문은 미생물을 처음으로 발견한 레벤후크에 관한 글입니다. 그는 네덜란드 사람으로 포목상이었습니다. 그는 옷감 상태를 살펴보기 위해 늘 현미경으로 옷감을 들여다보았습니다. 그는 납작하게 생긴 현미경을 만들어, 꼼지락거리고 있는 작은 벌레를 발견했습니다. 그가 발견한 것이 바로 미생물입니다. 당시 과학자들은 눈에 보이지 않는 생물을 발견했다는 그의 말을 믿지 않았습니다. 하지만, 오늘날 그는 미생물학의 아버지로 불리고 있습니다.

4 제목 달기

▶ **레벤후크의 현미경** : 본문에서는 레벤후크가 만든 현미경에 관한 내용이 있습니다. 그러나 글 내용의 일부분입니다. 따라서 이 글의 제목으로는 범위가 좁습니다.

▶ **미생물과 발효 음식** : 본문에서는 김치와 된장, 치즈와 요구르트가 미생물이 만든 발효 식품이라고 소개하고 있지만, 글 내용의 일부입니다. 따라서 이 글의 제목으로 범위가 좁습니다.

▶ **미생물학의 아버지, 레벤후크** : 본문에서는 레벤후크가 미생물을 발견하기까지의 과정이 상세하게 소개되어 있습니다. 따라서 이 글의 제목으로 알맞습니다.

▶ **페니실린을 발견한 레벤후크** : 페니실린을 발견한 사람은 레벤후크가 아니라, 알렉산더 플레밍입니다. 따라서 이 글의 내용과는 전혀 관계가 없습니다.

20회 89쪽~92쪽

퍼즐
❶ 1, ❷ 2, ❸ 6, ❹ 5

정답

1 핵심어 찾기 미생물

2 글의 짜임 그리기 가-④ 털
나-⑦ 입과 내장 기관

다-① 발가락의 미크로코쿠스
라-⑤ 속눈썹의 속눈썹 진드기
마-⑥ 위의 헬리코박터 파이로리

3 요약 하기 가-② 미생물의 무게
나-③ 피부와 털
다-⑧ 머리의 머릿니
라-⑨ 큰 창자의 대장균
마-⑩ 나쁜 병원균을 막아내는 등

4 제목 달기 우리 몸을 지켜 주는 미생물

해설

제시문 정리하기

제시문은 우리 몸의 곳곳에는 온통 미생물로 가득 차 있음을 이야기하고 있습니다. 우리 몸무게의 $\frac{1}{10}$이 미생물의 무게입니다. 피부와 털에도 미생물이 있습니다. 얼굴에는 프로니오니 박테리아 발가락의 미크로코쿠스가 있고, 머리의 머릿니, 속눈썹의 속눈썹 진드기가 있습니다. 입과 내장 기관에도 수많은 미생물이 있습니다. 이빨에만도 300종류의 박테리아가 있고, 위의 헬리코박터 파이로리, 큰 창자의 대장균이 대표적입니다. 이러한 미생물은 우리 몸에서 음식물을 소화시켜 주고, 나쁜 병원균을 막아 내는 등 착한 일을 더 많이 합니다.

4 제목 달기

▶ **우리 몸을 지켜 주는 미생물** : 본문에서는 우리 몸 곳곳에서 착한 일을 하는 미생물에 대해 소개하고 있습니다. 따라서 이 글의 제목으로는 적합합니다.

21회 93쪽~96쪽

퍼즐 ❸

정답

1 핵심어 찾기 ○, ○, ○, ×, ○, ○

---

2 글의 짜임 그리기 가-② 알렉산더 플레밍
나-④ 페니실린
다-⑥ 슈퍼 박테리아

3 요약 하기 가-① 기적의 약
나-③ 세균들도 더 강력해졌다.
다-⑤ 항생제의 오·남용을 줄이고

4 제목 달기 △, ○, △, ×

해설

제시문 정리하기

제시문은 우리를 위협하는 슈퍼 박테리아에 대해 소개하는 글입니다. 1928년 알렉산더 플레밍이 푸른곰팡이를 발견한 이후, '기적의 약'으로 불리는 항생제인 페니실린이 개발되었습니다. 그러나 페니실린을 이겨내는 세균이 등장했고, 더 강한 항생제를 개발해야 했습니다. 항생제가 강력해질수록 세균도 강해졌습니다. 결국 항생제의 오·남용에 따른 내성으로 인해, 어떤 항생제도 듣지 않는 강력한 힘을 지닌 슈퍼 박테리아가 등장하게 되었습니다. 슈퍼 박테리아의 위협에서 벗어나기 위해서는 항생제의 오·남용을 줄이고, 의사의 처방에 맞게 항생제를 먹어야 하며, 가축의 항생제 사용을 줄여 나가야 합니다.

4 제목 달기

▶ **기적의 약, 항생제** : 본문에서는 항생제인 페니실린을 기적의 약이라고 소개하고 있지만, 글 내용의 일부입니다. 따라서 이 글의 제목으로는 범위가 좁습니다.

▶ **슈퍼 박테리아의 위협** : 본문에서는 슈퍼 박테리아가 생겨나기까지의 과정과 원인 그리고 대책에 대해 소개하고 있습니다. 따라서 이 글의 제목으로 가장 알맞습니다.

▶ **항생제의 사용법** : 본문에서는 세균의 감염으로 일어난 병에 항생제를 일주일간 꾸준히 먹어야 한다고 사용법을 설명하고 있습니다. 하지만 글 내용의 일부이므로 이 글의 제목으로는 범위가 좁습니다.

▶ **슈퍼 박테리아를 발견한 플레밍** : 1928년 알렉산더 플레밍이 발견한 것은 푸른곰팡이입니다. 따라서 이 글의 내용과는 전혀 관계가 없습니다.

 **퍼즐** ❺

 정답

1 핵심어 찾기 관례

2 글의 짜임 그리기 **가** - ③ 전통적인 성인식
나 - ⑥ 남녀 모두 15~20
살쯤
다 - ① 계례
라 - ② 어른으로서 필요한
마음가짐과 덕목

3 요약 하기 **가** - ④ 상투를 올리고 관
나 - ⑤ 머리를 올려 비녀
다 - ⑧ 일제 강점기에 내려진
단발령
라 - ⑦ 오늘날

4 제목 달기 어른이 되는 의식, 관례

 해설

제시문 정리하기

제시문은 관혼상제 중의 하나의 의례인 관례에 대해 소개하는 글입니다. 관례는 전통적인 성인식을 의미합니다. 남녀 모두 15~20살쯤 관례를 했습니다. 남자의 경우 관례라 부르며 상투를 올리고 관을 씌웠고, 여자의 경우 계례라고 부르며 머리를 올려 비녀를 꽂았습니다. 관례가 사라진 이유는 일제 강점기에 내려진 단발령 때문입니다. 올릴 머리가 없으니 자연스럽게 관례도 사라지게 된 것이지요. 관례는 어른으로서 필요한 마음가짐과 덕목을 생각해 볼 수 있는 중요한 의식이므로, 오늘날에도 관례는 필요한 의례입니다.

4 제목 달기

▶ **어른이 되는 의식, 관례** : 본문에서는 어른으로서 필요한 마음가짐과 덕목을 생각해 볼 수 있는 중요한 의식으로 관례를 되살릴 것을 제안하고 있습니다. 따라서 주어진 낱말로 만들면, '어른이 되는 의식, 관례' 가 가장 알맞은 제목입니다.

 퍼즐 ❹

 정답

1 핵심어 찾기 ○, ×, ○, ○, ○, ○, ○

2 글의 짜임 그리기 **가** - ② 펜타코스트 섬
나 - ③ 하마스 족
다 - ⑥ 2주 동안
라 - ① 어른으로 인정받
는 통과의례

3 요약 하기 **가** - ④ 발목에 칡넝쿨을 묶
는 30m 높이의 탑에서
나 - ⑧ 두려움을 이겨내는 성
년식
다 - ⑤ '우클리(당나귀)'라고
놀림
라 - ⑦ 탁발 공양 등 승려 생활

4 제목 달기 △, ○, △, ×

 해설

제시문 정리하기

제시문은 각 사회마다 지니고 있는 독특한 성년식에 대해 소개하고 있습니다. 펜타코스트 섬의 소년들은 발목에 칡넝쿨을 묶는 30m 높이의 탑에서 뛰어내립니다. 용기를 증명하여 성인이 되었음을 인정받는 것이지요. 아프리카 하마스의 소년들도 두려움을 이겨내는 성년식을 해야 합니다. 발가벗은 몸으로 소의 등을 네 번이나 뛰어 넘어야 하니까요. 만약, 실패하면 '우클리(당나귀)'라고 놀림을 받습니다. 미얀마의 청소년들은 2주 동안 탁발 공양 등 승려 생활을 경험한 뒤에야 성인으로 인정을 수 있습니다. 비록 성년식의 모습은 다르지만, 사회에서 어른으로 인정을 받는 통과의례라는 점은 모두 같답니다.

4 제목 달기

▶ **번지 점프의 유래** : 본문에서는 번지 점프의 유래가 된 펜타코스트 섬의 성년식에 대해 소개하고 있지만, 글 내용의 일부입니다. 따라서 이 글의 제목으로는 범위가 좁습니다.

▶ **세계의 다양한 성년식** : 본문에서는 세계의 다양한 성년식으로 펜타코스트 섬과 하마스 족, 미얀마의 성년식을 소개하고 있습니다. 따라서 이 글의 제목으로 가장 알맞습니다.

▶ **하마스 족의 성년식** : 하마스 족의 성년식은 본문에 소개된 성년식 중의 하나입니다. 따라서 이 글의 제목으로는 범위가 좁습니다.

▶ **일본의 성년식** : 본문에는 일본의 성년식에 대해 나와 있지 않습니다. 그러므로 이 글의 내용과는 전혀 관계가 없습니다.

 퍼즐

L O V E

 정답

1 핵심어 찾기 성년의 날

2 글의 짜임 그리기 **가** - ④ 해마다 5월 셋째
월요일
나 - ③ 우리나라의 경우
만 20살
다 - ⑥ 선거권을 갖게 되고
라 - ⑤ 장미꽃과 향수

3 요약 하기 **가** - ① 음주와 흡연에 대한 제한
나 - ② 성인으로서의 마음가짐
을 갖추어야 하는 날

4 제목 달기

성년의 날, 그 의미 되살리기 ● ――――――● 이 글의 제목으로 딱 좋아!

전통적인 성년식을 되살리자 ● 범위가 너무 좁아!

성년이란 ● 이 글과 상관없는 제목이야!

해설

제시문 정리하기

제시문은 성년의 날에 대해 소개하는 글입니다. 해마다 5월 셋째 월요일은 성년의 날입니다. 성년이란 법률적인 권리를 행사할 수 있는 나이로, 우리나라의 경우 만 20살입니다. 성년이 되면, 선거권을 갖게 되고, 부모님의 허락 없이 결혼을 할 수 있으며, 음주와 흡연에 대한 제한이 사라지게 됩니다. 대부분의 젊은이들은 성년의 날이 되면, 장미꽃과 향수를 주고받습니다. 하지만 성년의 날은 성인으로서의 마음가짐을 갖추어야 하는 날입니다. 따라서 굳이 전통적인 성년식이 아니라도, 가족끼리 식사를 하며 자녀의 성년을 축하하면서 성년식의 의미를 되새겨야 합니다.

④ 제목 달기

▶ **성년의 날, 그 의미 되살리기** : 본문에서는 장미꽃과 향수로 대변되는 성년의 날의 의미를 되살리자고 제안하고 있습니다. 따라서 이 글의 제목으로 가장 알맞습니다.

▶ **전통적인 성년식을 되살리자** : 본문에서는 굳이 전통적인 성년식을 고집할 필요가 없다고 나와 있습니다. 따라서 이 글의 내용과는 상관없는 제목입니다.

▶ **성년이란** : 본문에서는 성년이란 무엇인지 소개하고 있습니다. 그러나 글 내용의 일부이므로 이 글의 제목으로는 범위가 좁습니다.

 **25**회 109쪽~112쪽

 퍼즐

```
15    7
6 ÷ 3 × 4 = 8
  5   2
12 ÷ 4 - 8 = 8
  5   6
= =
8   8
```

 정답

① 핵심어 찾기 ○, ×, ×, ○, ○, ○

② 글의 짜임 그리기
가-① 국수나 떡국은 면상
나-② 차와 과자는 다과상
다-④ 명절과 잔칫날은 교자상
라-⑥ 아랫사람은 밥상

③ 요약 하기 가-③ 밥과 국은 물론 모든 반찬이 한꺼번에 한 상
나-⑤ 상에 오르는 주식
다-⑨ 회갑이나 혼례 날은 큰상
라-⑧ 받는 이의 신분
마-⑦ 둘이 받으면 겸상

④ 제목 달기 ○, □, ×

 해설

제시문 정리하기

제시문은 우리나라 상차림에 대하여 소개하는 글입니다. 우리나라 상차림은 밥과 국은 물론 모든 반찬이 한꺼번에 한 상에 차려지는 것이 특징이랍니다. 그 종류로는 상에 오르는 주식에 따라 밥은 반상, 죽은 죽 상, 술과 안주는 주안상, 국수나 떡국은 면상, 차와 과자는 다과상으로 나누어집니다. 상을 차리는 목적에 따라서 명절과 잔칫날은 교자상, 돌날은 돌상, 회갑이나 혼례 날은 큰상, 제삿날은 제사상으로 나눕니다. 특히, 반상을 받는 이의 신분에 따라 아랫사람은 밥상, 어른은 진짓상, 임금은 수라상이라고 부르고, 상을 혼자 받으면 외상, 둘이 받으면 겸상이라고 한답니다.

④ 제목 달기

▶ **우리나라 상차림의 종류** : 본문에서는 우리나라 상차림의 다양한 종류에 대해 소개하고 있습니다. 따라서 이 글의 제목으로 가장 알맞습니다.

▶ **우리의 음식 문화** : 본문에서는 우리의 음식문화 중 상차림을 중심으로 설명하고 있습니다. 따라서 이 글의 제목으로는 범위가 넓습니다.

▶ **상차림과 식사 예절** : 본문에서는 우리나라의 상차림에 대해 소개하고 있지만, 식사 예절에 대해서는 나와 있지 않습니다. 따라서 이 글의 내용과는 전혀 관계없는 제목입니다.

 **26**회 113쪽~116쪽

 퍼즐 ❶과 ❹

 정답

① 핵심어 찾기 도루묵

② 글의 짜임 그리기
가-⑥ 피난길
나-③ 맛에 비해 '묵'이라는 이름이 너무 초라하다
다-① 피난길에 먹었던 '은어'

③ 요약 하기 가-⑤ '묵'이라는 생산 한 꾸러미
나-④ 예전의 맛
다-② 도로(다시) 묵이라고 불러라

④ 제목 달기 △, ×, ○, □

 해설

제시문 정리하기

제시문에서는 바닷물고기인 '도루묵'의 유래에 대해 소개하고 있습니다. 임진왜란 때 선조 임금은 피난을 떠나게 되었습니다. 아무리 임금이라고 할지라도 피난길에서는 초라한 음식을 먹을 수밖에 없었지요. 어느 날, 한 어부가 '묵'이라는 생선 한 꾸러미를 바쳤답니다. 오랜만에 싱싱한 생선을 먹은 선조는 그 맛이 매우 담백해서, '묵'이란 이름 대신 '은어'라고 부르도록 했습니다. 다시 궁궐로 돌아온 선조는 피난길의 '은어'가 너무도 먹고 싶었습니다. 그래서 상에 올리도록 했습니다. 그러나 그 맛이 비릿하니 예전의 맛이 아니었습니다. 선조는 예전의 맛이 아니라며, "도로(다시) 묵이라고 불러라."하고 말했습니다. 선조의 말 한마디에, '묵'은 '은어'에서 '도로묵'으로, 나중에는 '도루묵'으로 불리게 되었습니다.

④ 제목 달기

▶ **피난길에서의 수라상** : 본문에서는 피난길에서 받은 선조 임금의 수라상에 관하여 짧게 설명하고 있습니다. 따라서 이 글의 제목으로는 범위가 너무 좁습니다.

27회 117쪽~120쪽

퍼즐 ❶ 작은 칸 하나에 도형이 6개씩 들어가 있습니다.

정답

 핵심어 찾기 ○, ○, ○, ×, ○, ○

 글의 짜임 그리기 가-③ 과일 주스와 시리얼
땡-⑦ 든든하게 먹기
댕-⑧ 홍차와 케이크를 먹는 에프터눈 티
랑-① 푸짐하게 먹는 디너

요약 하기 가-② 푸딩이나 타르트처럼 단맛이 강한 후식을
땡-④ 5시에 고기 요리를 먹는
댕-⑥ 홍차가
랑-⑤ 점심이 푸짐했으면 서퍼를, 가벼웠으면 디너를

제목 달기 △, ×, ○, ×

해설

제시문 정리하기

제시문은 영국의 독특한 식사에 대해 소개하는 글입니다. 영국 사람들은 하루 4번의 식사를 합니다. 우선, 아침은 과일주스와 시리얼 또는 베이컨과 달걀 등으로 가볍게 합니다. 대신 점심을 든든하게 먹습니다. 특히 푸딩이나 타르트처럼 단맛이 강한 후식을

먹습니다. 세 번째 식사로 3~4시에 케이크를 먹는 에프터눈 티 또는 5시에 고기 요리를 먹는 하이 티가 있습니다. 두 식사 모두 홍차가 빠져서는 안 됩니다. 저녁 식사로 푸짐하게 먹는 디너와 가볍게 먹는 서퍼가 있습니다. 점심이 푸짐했으면 서퍼를, 가벼웠으면 디너를 차립니다.

 제목 달기

▶ **홍차의 나라 영국** : 본문에서 에프터눈 티와 하이 티의 간식에는 반드시 홍차를 곁들인다고 소개하고 있지만, 글 내용의 일부입니다. 따라서 이 글의 제목으로는 범위가 좁습니다.

▶ **비만의 나라 영국** : 본문에서는 영국이 비만의 나라라고 소개하고 있지 않습니다. 따라서 이 글의 내용과는 전혀 관계가 없습니다.

▶ **영국의 독특한 식사 문화** : 본문은 에프터눈 티와 하이 티를 소개하면서, 영국의 독특한 식사 문화에 대해 설명하고 있습니다. 따라서 이 글의 제목으로 가장 알맞습니다.

▶ **햄버거의 원조 영국** : 본문에서 햄버거와 영국에 관한 이야기가 전혀 등장하지 않습니다. 따라서 이 글의 내용과는 관계가 없습니다.

28회 121쪽~124쪽

퍼즐 24cm

정답

 핵심어 찾기 ○, ○, ×, ○, ×, ○

글의 짜임 그리기 가-③ 미리 토론을 하지 않으면
땡-② 민지를 지지하지 않은 사람들이 24표로 훨씬 많다.
댕-⑥ 국회의원·대통령 선거 등에서도

요약 하기 가-① 다수결 원칙

땡-④ 단지 남자라는 이유로
댕-⑤ 대대수가 지지하지 않은

 제목 달기

민주주의와 다수결 ✕ 이 글의 제목으로 딱 좋아!
다수결 원칙의 문제점 ✕ 범위가 너무 좁아!
토론 없는 투표의 문제점 ✕ 이 글과 상관 없는 제목이야!

해설

제시문 정리하기

제시문은 다수결의 원칙이 민주적인 의사 결정 방법으로 언제나 좋은 것은 아니라는 것에 대해 설명하고 있는 글입니다. 다수결의 원칙은 때로 문제점을 나타내기도 합니다. 미리 토론을 하지 않으면 잘못된 투표 결과를 가져올 수 있습니다. 회장으로 적합한 사람이 누구인지 토론하지 않고 남자라는 이유로 혁재가 회장으로 당선된 것이 그 예입니다. 또한 반대자가 많은 사람이 당선될 수도 있습니다. 민지는 12표를 얻어 부회장이 되었지만, 민지를 지지하지 않은 표는 24표나 됩니다. 지지자보다 반대자가 더 많은 셈입니다. 이런 회장단 선거의 결과는 미래의 국회의원·대통령 선거 등에서도 똑같이 나타날 수 있습니다. 따라서 학교의 회장단 선거부터 제대로 투표해야 합니다.

제목 달기

▶ **민주주의와 다수결** : 본문에서는 민주주의와 다수결의 관계에 대한 내용이 나와 있지 않습니다. 따라서 이 글의 내용과는 상관이 없는 제목입니다.

▶ **다수결 원칙의 문제점** : 본문에서는 다수결 원칙의 문제점에 대해서 설명하고 있습니다. 따라서 이 글의 제목으로 적합합니다.

▶ **토론 없는 투표의 문제점** : 본문에서는 토론 없는 투표로 인해 혁재가 당선된 예를 들고 있지만, 글 내용의 일부입니다. 그러므로 이 글의 제목으로는 범위가 좁습니다.

 10가지

A부터 B까지 가는 길의 경우의 수를 구합니다. 제일 왼쪽의 윗줄과 아랫줄에 각각 1을 쓴 뒤 ○한 숫자를 더해 □에 쓰는 식으로 더해 나가면 모든 길을 쉽게 구할 수 있습니다.

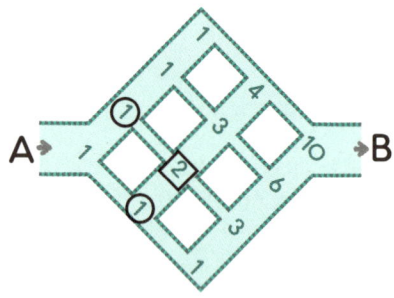

 정답

1 핵심어 찾기 도편 추방제

2 글의 짜임 그리기
㉠-④ 정치가 아리스티데스
㉡-⑥ 그리스의 왕이 되어 독재를 할 것이다
㉢-⑤ 도자기 조각에 '아리스티데스'라고 새겨 달라며
㉣-② 자신의 이름을 새긴 뒤

3 요약 하기
㉠-① 도편 추방 투표
㉡-⑦ 자신을 추방하려는 투표에, 스스로 이름을 적어야 했던
㉢-③ 짜증이 나요.

4 제목 달기 스스로 자신을 추방시킨 아리스티데스

 해설

제시문 정리하기

제시문은 고대 아테네의 정치가 아리스티데스에 관한 이야기입니다. 그는 시민들에게 '정의로운 사람'이라고 불릴 만큼 유명한 정치가였어요. 그런데 '아리스티데스가 그리스의 왕이 되어 독재를 할 것이다'라는 헛소문이 돌기 시작했답니다. 결국, 그는 도편 추방 투표에 부쳐지게 되었어요. 투표 날, 한 남자가 도자기 조각에 '아리스티데스'라고 새겨 달라며 아리스티데스에게 부탁했습니다. 자신을 추방하려는 투표에, 스스로 이름을 적어야 했던 거지요. 그는 이름을 새긴 뒤, 남자에게 이유를 물었어요. 그러자 남자는 "사람들이 너무 정의로운 사람이라고 하니까 짜증이 나요."라고 대답했어요. 그로부터 2년 뒤 전쟁이 벌어졌고, 추방을 당했던 아리스티데스는 다시 돌아와서 위험에 빠진 아테네를 구해 냈답니다.

4 제목 달기

▶ <u>스스로 자신을 추방시킨 아리스티데스</u> : 본문에서는 자신을 추방시키고자 하는 도편추방 투표에서, 스스로 자신의 이름을 새겨넣은 아리스티데스에 관한 이야기입니다. 따라서 '<u>스스로 자신을 추방시킨 아리스티데스</u>'가 주어진 단어로 만들수 있는 알맞은 제목입니다.

 퍼즐

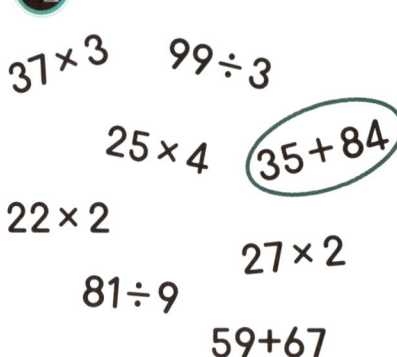

37×3 $99 \div 3$
25×4 $35 + 84$
22×2
$81 \div 9$ 27×2
$59 + 67$

 정답

1 핵심어 찾기 ×, ○, ×, ○, ○, ○

2 글의 짜임 그리기
㉠-⑥ 퓌러 목사와 신도 7명이 모여
㉡-⑦ 늘 폭력이 없는 평화로운 집회
㉢-④ 7만이 넘는 사람들이 촛불을 들고
㉣-⑧ 동서독을 나누던 장벽이 허물어졌고

3 요약 하기
㉠-③ 라이프치히에 있는 성 니콜라이 교회
㉡-① 수많은 사람들이 교회 벽에 촛불을 켜기
㉢-⑤ 수단과 방법을 가리지 않고 집회 참석자들을 체포
㉣-② 촛불은 동독 전체로 번져

4 제목 달기 ×, △, ○, ×

 해설

제시문 정리하기

제시문은 독일 통일과 촛불에 관한 이야기입니다. 1982년 초, 동독의 라이프치히의 성 니콜라이 교회에서 매주 월요일 5시면 촛불이 켜졌습니다. 퓌러 목사와 신도 7명이 모여 독일 통일을 위한 기도회가 시작되는 것이었지요. 이후, 사람들은 하나둘씩 교회로 모여들었고, 1989년에는 7만이 넘는 사람들이 촛불을 켰어요. 촛불 집회는 늘 폭력이 없는 평화로운 집회였어요. 같은 해 10월 9일 동독 당국은 수단과 방법을 가리지 않고 집회 참석자들을 체포하겠다고 발효했지요. 그러나 당국의 발표에도 아랑곳없이 7만이 넘는 사람들이 촛불을 들고 모였고, 전경과 경찰조차도 사람들과 대화를 나누었답니다. 이후 촛불은 동독 전체로 번졌고, 10월 30일에 성 니콜라이 교회에 켜진 촛불만도 75만개나 되었습니다. 결국, 11월 9일 동서독을 나누던 장벽이 허물어지고, 이듬해에 독일은 그렇게 바라던 통일을 이루게 되었답니다.

4 제목 달기

▶ **아름다운 성 니콜라이 교회** : 본문에서는 성 니콜라이 교회와 통일 기도회에 대해서만 소개하고 있습니다. 따라서 이 글의 내용과는 전혀 상관이 없는 제목입니다.

▶ **성 니콜라이 교회의 통일 기도회** : 본문에서 성 니콜라이 교회의 통일 기도회에 대해 소개하고 있지만, 글 내용의 일부입니다. 따라서 이 글의 제목으로는 범위가 좁습니다.